我国高职院校服务战略性新兴产业：
供需对接及其实现路径研究

戴文静　彭济红　周金城／著

吉林出版集团股份有限公司｜全国百佳图书出版单位

图书在版编目（CIP）数据

我国高职院校服务战略性新兴产业：供需对接及其
实现路径研究 / 戴文静, 彭济红, 周金城著. -- 长春：
吉林出版集团股份有限公司, 2020.1
　　ISBN 978-7-5581-8135-1

Ⅰ. ①我… Ⅱ. ①戴… ②彭… ③周… Ⅲ. ①高等职
业教育—关系—新兴产业—产业发展—研究—中国 Ⅳ.
①G718.5

中国版本图书馆CIP数据核字(2020)第094406号

WO GUO GAOZHI YUANXIAO FUWU ZHANLÜE XING XINXING CHANYE　GONGXU DUIJIE JI QI SHIXIAN LUJING YANJIU
我国高职院校服务战略性新兴产业：供需对接及其实现路径研究

著　　者	戴文静　彭济红　周金城	责任编辑	刘晓敏
出版策划	孙　昶	封面设计	雅硕图文

出　　版	吉林出版集团股份有限公司
	（长春市福祉大路5788号，邮政编码：130118）
发　　行	吉林出版集团译文图书经营有限公司
	（http://shop34896900.taobao.com）
电　　话	总编办 0431-81629909　营销部 0431-81629880/81629881

印　　刷	长春市华远印务有限公司	开　　本	787mm×1092mm　1/16
印　　张	7.5	字　　数	150千
版　　次	2020年1月第1版	印　　次	2021年1月第2次印刷
书　　号	ISBN 978-7-5581-8135-1	定　　价	52.00元

印装错误请与承印厂联系

内容提要

我国战略性新兴产业在推动新旧动能转换，构建现代化经济体系中，正发挥着越来越大的引领作用。高职院校作为高技能人才培养和输出院校，为战略性新兴产业的发展提供了大量人才。近年来，国家产教融合系列政策持续发力，政策引导激发优质院校建设活力，各高职院校也主动面向战略性新兴产业结构调整需求，但是专业设置缺乏整体规划，高端技术技能型人才培养滞后于战略性新兴产业发展，师资队伍与战略性新兴产业发展不匹配，实训基地建设落后于战略性新兴产业发展，产学研结合不够紧密。本书研究了德国、美国、澳大利亚、新加坡等国探索高职教育服务战略性新兴产业的经验，充分分析高职院校的专业师资力量、研发经验积累、人才培养结构和水平等基础条件和发展潜力，确定高职院校为此能提供的相关服务，包括服务的广度（范围）和深度，如参与部分行业关键技术的攻关、为各行业培养人才的数量和质量要求等，并具体探讨了高职院校服务供给与新一代信息技术产业、高端装备制造产业、文化创意产业、绿色低碳产业、生物产业等的精准对接问题。高职院校的办学定位要契合战略性新兴产业发展，新型专业发展要对接战略性新兴产业发展趋势，人才培养机制要面向战略性新兴产业市场需求，资源建设要服务于战略性新兴产业的持续发展。政府部门应该引导高职院校服务于战略性新兴产业，不断完善产教融合发展的政策，加速制定保障校企合作的法律法规，加大

对对接战略性新兴产业院校的经费投入，总结区域内产教融合的典型案例。高职院校要积极服务于战略性新兴产业，建立特色的高职院校制度，培育柔性的适应产业变化的决策能力，优化"双师型"教师的队伍建设，培养适应产业变化的教研能力，构建面向新兴产业的高职专业体系，形成服务新兴产业的专业基础，开展对接新兴产业的科学研发，创新服务新兴产业的科研管理机制。行业企业要树立"产教融合、校企合作是行业企业的社会责任"的理念，建立以政校企为主导的产教融合机制，构建以战略性新兴产业协会为主导的产教融合中介机构。

内容提要

　　我国战略性新兴产业在推动新旧动能转换，构建现代化经济体系中，正发挥着越来越大的引领作用。高职院校作为高技能人才培养和输出院校，为战略性新兴产业的发展提供了大量人才。近年来，国家产教融合系列政策持续发力，政策引导激发优质院校建设活力，各高职院校也主动面向战略性新兴产业结构调整需求，但是专业设置缺乏整体规划，高端技术技能型人才培养滞后于战略性新兴产业发展，师资队伍与战略性新兴产业发展不匹配，实训基地建设落后于战略性新兴产业发展，产学研结合不够紧密。本书研究了德国、美国、澳大利亚、新加坡等国探索高职教育服务战略性新兴产业的经验，充分分析高职院校的专业师资力量、研发经验积累、人才培养结构和水平等基础条件和发展潜力，确定高职院校为此能提供的相关服务，包括服务的广度（范围）和深度，如参与部分行业关键技术的攻关、为各行业培养人才的数量和质量要求等，并具体探讨了高职院校服务供给与新一代信息技术产业、高端装备制造产业、文化创意产业、绿色低碳产业、生物产业等的精准对接问题。高职院校的办学定位要契合战略性新兴产业发展，新型专业发展要对接战略性新兴产业发展趋势，人才培养机制要面向战略性新兴产业市场需求，资源建设要服务于战略性新兴产业的持续发展。政府部门应该引导高职院校服务于战略性新兴产业，不断完善产教融合发展的政策，加速制定保障校企合作的法律法规，加大

对对接战略性新兴产业院校的经费投入，总结区域内产教融合的典型案例。高职院校要积极服务于战略性新兴产业，建立特色的高职院校制度，培育柔性的适应产业变化的决策能力，优化"双师型"教师的队伍建设，培养适应产业变化的教研能力，构建面向新兴产业的高职专业体系，形成服务新兴产业的专业基础，开展对接新兴产业的科学研发，创新服务新兴产业的科研管理机制。行业企业要树立"产教融合、校企合作是行业企业的社会责任"的理念，建立以政校企为主导的产教融合机制，构建以战略性新兴产业协会为主导的产教融合中介机构。

内容提要

我国战略性新兴产业在推动新旧动能转换，构建现代化经济体系中，正发挥着越来越大的引领作用。高职院校作为高技能人才培养和输出院校，为战略性新兴产业的发展提供了大量人才。近年来，国家产教融合系列政策持续发力，政策引导激发优质院校建设活力，各高职院校也主动面向战略性新兴产业结构调整需求，但是专业设置缺乏整体规划，高端技术技能型人才培养滞后于战略性新兴产业发展，师资队伍与战略性新兴产业发展不匹配，实训基地建设落后于战略性新兴产业发展，产学研结合不够紧密。本书研究了德国、美国、澳大利亚、新加坡等国探索高职教育服务战略性新兴产业的经验，充分分析高职院校的专业师资力量、研发经验积累、人才培养结构和水平等基础条件和发展潜力，确定高职院校为此能提供的相关服务，包括服务的广度（范围）和深度，如参与部分行业关键技术的攻关、为各行业培养人才的数量和质量要求等，并具体探讨了高职院校服务供给与新一代信息技术产业、高端装备制造产业、文化创意产业、绿色低碳产业、生物产业等的精准对接问题。高职院校的办学定位要契合战略性新兴产业发展，新型专业发展要对接战略性新兴产业发展趋势，人才培养机制要面向战略性新兴产业市场需求，资源建设要服务于战略性新兴产业的持续发展。政府部门应该引导高职院校服务于战略性新兴产业，不断完善产教融合发展的政策，加速制定保障校企合作的法律法规，加大

对对接战略性新兴产业院校的经费投入，总结区域内产教融合的典型案例。高职院校要积极服务于战略性新兴产业，建立特色的高职院校制度，培育柔性的适应产业变化的决策能力，优化"双师型"教师的队伍建设，培养适应产业变化的教研能力，构建面向新兴产业的高职专业体系，形成服务新兴产业的专业基础，开展对接新兴产业的科学研发，创新服务新兴产业的科研管理机制。行业企业要树立"产教融合、校企合作是行业企业的社会责任"的理念，建立以政校企为主导的产教融合机制，构建以战略性新兴产业协会为主导的产教融合中介机构。

目　　录

第1章　绪　　论 ………………………………………………………… 1

1.1　研究背景、目的和意义 ……………………………………… 1

1.2　国内外研究动态 ……………………………………………… 3

1.3　研究内容 ……………………………………………………… 5

1.4　研究理论 ……………………………………………………… 7

1.5　研究方法 ……………………………………………………… 12

第2章　我国高职院校服务战略性新兴产业的现状 …………… 14

2.1　我国战略性新兴产业的发展现状 ………………………… 14

2.2　我国战略性新兴产业发展存在的问题 …………………… 21

2.3　我国高职院校服务战略性新兴产业的现状 ……………… 23

2.4　我国高职院校服务战略性新兴产业发展的问题 ………… 29

第3章 高职教育服务战略性新兴产业的国外经验借鉴 ················· 36

3.1 德国经验 ················· 36

3.2 澳大利亚的经验 ················· 46

3.3 新加坡经验 ················· 55

第4章 我国高职院校服务供给和战略性新兴产业发展需求的精准对接研究 60

4.1 我国高职院校服务供给与新一代信息技术产业发展需求

精准对接研究 ················· 60

4.2 我国高职院校服务供给与高端装备制造产业发展需求

精准对接研究 ················· 71

4.3 我国高职院校服务供给与文化创意产业发展需求

精准对接研究 ················· 83

4.4 我国高职院校服务供给与绿色低碳产业发展需求

精准对接研究 ················· 86

4.5 我国高职院校服务供给和生物产业发展需求精准对接研究 ········ 93

参考文献 ················· 104

第1章 绪 论

1.1 研究背景、目的和意义

1.1.1 研究背景

中国特色社会主义进入了新时代，贯彻新发展理念，建设现代化经济体系成为重要的战略任务。战略性新兴产业是以重大技术突破和重大发展需求为基础，培育经济发展新功能，建设现代化经济体系的关键领域，对经济社会全局和长远发展具有重大带动作用。我国战略性新兴产业包括新一代信息技术、高端装备制造、新材料、生物、新能源汽车、新能源、绿色低碳、数字创意等。

战略性新兴产业需要关键技术的突破和大量新型专业技能人才，根据麦克斯全球研究院的预测，到2020年，中国的高科技企业将需要约1.4亿的高技能人才，需要2200万技术人才。2017年1月，国务院下发的《国家教育事业发展"十三五"规划》提出，要推行产教融合的职业教育模式，加快培养战略性新兴产业急需人才。高职院校作为培养高技能应用型人才的摇篮，可为战略性新兴产业发展提供有力的人才支持。目前，我国高职院校的服务供给与战略性新兴产业的发展需求存在较为严重的错位现象：我国现有高职（高专）院校1388

所，专业种数1115个，专业点数47951个，每年有毕业生318万余人，是我国高等教育的重要组成部分，但是其专业与课程设置，人才培养目标和模式，人才培养质量，教师的社会服务（科技服务、智库服务等）与战略性新兴产业的发展需求不匹配、不协调，人才绝对短缺和结构性短缺并存。高职院校的服务供给如何精准对接战略性新兴产业发展需求，亟待深入研究和实践。

1.1.2　研究目的

充分了解高职院校服务战略性新兴产业的供需耦合协调度及内在矛盾；精确掌握战略性新兴产业发展的相关需求及高职院校能为此提供的相关服务；提出高职院校服务战略性新兴产业的实现路径及政府、学校、产业的协同推进措施。

1.1.3　研究意义

1. 理论价值

本研究主要综合了（高等）教育学与（产业）经济学的知识，是教学经济学这一交叉学科的深入发展。供给和需求是经济学的基础分析工具，供给分为生产要素（包括劳动力、资本、技术、制度等）供给和产品（包括商品、服务）供给。我们关注高职院校人才培养、社会服务等供给的创新性、质量和效率，即教育供给侧改革问题，是对当前供给侧改革理论的拓展。

2. 实际应用价值

促进高职院校精准对接战略性新兴产业发展的需求，有利于高职院校提高科技服务能力，改善人才培养结构和培养质量，加快现代高职教育发展；有助于消除制约战略性新兴产业发展的技术和人才障碍，推进国家战略性新兴产业发展进程和创新引领战略，加快产业结构升级和经济发展方式转变。

1.2 国内外研究动态

1. 高等（或职业）教育与产业发展在宏观层面的协同关系研究

战略性新兴产业发展离不开人和技术两个方面的因素，而高校在这两个方面正好具备优势（王颖，2014）。通过分析有限理性下政府、企业和高校之间的博弈行为，提出建立有效的企业和高校的协同机制，以便有效地促进协同创新系统向帕累托最优方向演化（张健等，2017）。高等（职业）教育在总体上对所在地区的产业发展有着显著的正向效应（王卫星，2012；李绍明，2013）。李能武（1995）、安雪慧（2002）、陈万明（2012）、霍影（2014）等更进一步认为高等教育与产业发展之间存在着相互制约、互为促进的关系。

2. 高等（或职业）教育与产业发展在微观层面的互动合作关系研究

具体表现为"产教融合（结合）""校企合作"或"产学研合作"的研究。包括：对产教融合等重要性的研究，认为它能促进科技创新、科技成果转化、经济发展、人才培养质量的提高以及高校发展（杜世禄，2004；刘希平，2008）；对产教结合等模式的研究，提出以专业群为单元的校企合作有机体共同承接科研项目、共同培养专业人才，产教结合模式呈现出从单一点式合作、链式合作向网式合作演变的趋势（林伟连，2010；孔德兰，2011）；对产教融合等动力机制的研究，认为产学研合作是一种经济行为，通过合作形成一定的规模经济效应，高校对经费、实践机会等的需求以及产业对高素质人才、高端科研成果、新知识的需求是产学研合作形成的根本动因（布罗霍夫，1989；盖斯勒等，1991；海顿等，2010）。

3. 战略性新兴产业的形成条件、制约因素等的研究

我国的战略性新兴产业占比很小，尚处在萌芽阶段，国际竞争形势逼人（赵永新，2011；李涛，2015）。知识和人才集聚、科技创新、技术流动、金融支持等被认为是战略性新兴产业形成的必要条件（奥德雷奇等，2007）。技术发展的动态协调和产业内技术流动愈显重要（史密斯等，2004）。战略性新兴产业发展的主要制约因素是自主创新能力不强，缺乏合适的技能人才（朱瑞博等，2011；金华等，2012；祁科，2017）。李从春等（2014）分析了江浙沪科研资源服务战略性新兴产业的成效与瓶颈。

4. 高职院校服务战略性新兴产业发展的研究

自国务院先后颁布《关于加快培育和发展战略性新兴产业的决定》（2010）、《关于加快发展现代职业教育的决定》（2014）以来，高职院校如何在服务战略性新兴产业的同时推进自身发展受到人们的关注。田淑波（2012）、舒醒（2013）强调高职院校要培养战略性新兴产业急需的人才，徐恒山等（2014）、刘飞（2015）、肖蕾（2016）提出高职院校要从专业（群）建设、（实训）课程建设等方面对接战略性新兴产业发展。刘秀琼（2014）、黄建华等（2016）总结了高职院校服务战略性新兴产业存在的问题。

综上所述，高等（或职业）教育与一般产业之间的产教融合、校企合作等研究受关注较早、成果较多，而针对高职院校服务战略性新兴产业发展的研究受关注较晚，成果较少，且基本上围绕人才培养展开，极少谈及科技服务、智库服务等，未见基于供需耦合视角的系统研究。

1.3　研究内容

1. 我国高职院校服务战略性新兴产业的供需耦合评价分析

根据《"十三五"国家战略性新兴产业发展规划》《新材料产业发展指南》《"十三五"生物产业发展规划》《"十三五"节能环保产业发展规划》等政策文件，结合专家访谈，精确了解目前我国战略性新兴产业发展对关键技术、技能人才、决策咨询等的服务需求。通过问卷调查、网络搜索、专家访谈等方法了解我国部分高职院校对战略性新兴产业的服务供给现状（相关专业开设情况、毕业生数量和质量情况，相关领域专利授权数、科研经费等情况）。参考王进富等（2015）提出的耦合度评价模型，研究我国代表性高职院校服务我国战略性新兴产业需求的耦合度（具体见研究方法部分），并分析供需错位的原因。

2. 高职教育服务战略性新兴产业的国外经验借鉴

为满足新兴产业发展对新型劳动者的强劲需求，俄罗斯2011年大幅提高经费预算，优先发展涉及能源节约技术、医药、核能源等新兴产业的职业教育项目，英国自2014年以来建立先进制造、复合材料、数字化、风能、高铁、核能等职业型国家学院，德国对"双元制"职业教育专业目录进行修订，及时跟进科技进步。德国应用技术大学是德国汽车制造公司的重要技术合作伙伴，在冲压、焊装、涂装、总装等工艺改进上做出了积极贡献。本部分研究国外先进国家或地区在探索高职教育服务战略性新兴产业路径上的经验。

3. 我国高职院校服务供给和战略性新兴产业发展需求的精准对接研究

在前面精确了解我国战略性新兴产业发展的相关需求的基础上，针对这些需求，联合相关部门、行业、高校的有关专家，结合问卷调查、头脑风暴、德尔菲等方法，充分分析高职院校的专业师资力量、研发经验积累、人才培养结构和水平等基础条件和发展潜力，确定高职院校为此能提供的相关服务，包括服务的广度（范围）和深度，如参与部分行业关键技术的攻关、为各行业培养人才的数量和质量要求等。

4. 我国高职院校服务战略性新兴产业的路径研究

针对前述高职院校服务战略性新兴产业的基础上，探讨高职院校的推进路径。探索加强高职院校与战略性产业所属重点企业合作内容、形式的多样化（如产业联盟组建、专业建设、课程建设、师资建设、教学实习等），并完善运行机制；主动参与相关企业的技术攻关或实现技术服务；会集校内外专家学者，搭建若干为企业提供发展规划、法律服务、管理咨询等服务的智库；针对若干战略性新兴产业，结合本校条件，新设或调整若干专业；与相关企业共同制订招生、培训、就业计划；依托专业技术人员继续教育基地和远程教育平台，开展面向相关行业的高层次急需紧缺和骨干专业技术人才的培训工作。但是以上推进路径还较为抽象，本部分将结合我省、我校的实践（我校属省卓越职业院校，正推进以"对接我省战略性新兴产业"等为基本原则的建设计划），探索可供操作的实施方案。

5. 我国高职院校服务战略性新兴产业：政府、学校、产业的协同推进措施研究

从政策支撑、项目对接、信息服务、载体共建、产学研专项资助等方面，探索政府推动产学研结合的方法；研究开发相应产业的多类型（管理、研发、操作等）人才培养体系；探讨建立集政、校、企于一体的人才集聚和培育平台，建立产学研合作机制，建设以企业为主体的创新体系。探讨学校更好地服务相关产业发展的方法，如转变观念、提高创新能力。

1.4　研究理论

理论常常被喻为探照灯，可以帮助人们更好地审视和理解所面对的问题和现象，这就是人们通常所说的理论观照。高职院校服务战略性新兴产业的研究有丰富的跨学科理论资源，因而可以从多个理论视角来观照高职教育服务产业发展的问题。

1.4.1　利益相关者管理理论

1984年弗里曼出版了《战略管理：利益相关者管理的分析方法》一书，他在前人研究的基础上明确提出了利益相关者管理理论。其后，这一理论得以迅速发展，并在公共管理和公司治理等方面被广泛应用。"利益相关者"，其英文表达为 stake holder，很显然这是由stock holder（股东）一词转化而来。弗里曼把企业的利益相关者界定为"任何能够影响企业组织目标的实现或受这种实现影响的个人或群体"。有研究者对此进行了评述，"该定义从战略管理的角度，提出了一个普遍的利益相关者概念，不仅将影响企业目标的个人和群体视为利益相关者，同时还将企业目标实现过程中受其影响的个人和群体看作利益相关者，正式将社区、政府、环境保护组织等实体纳入利益相关者的研究范畴，大大拓展了利益相关者的内涵"。另有研究者认为，利益相关者管理理论不仅是一种管理技巧，而且是一种企业和经济伦理理论。作为后者，"企业与利益相关者之间是一种相互对待、双边互求的平等的伦理关系，是一种信任伦理，要求企业尊重利益相关者的包括道德权利在内的各种权利，具有广泛的公正性。企业处理与利益相关者的关系时必须认清关系、认定权益并对社会负责"。利益相关者管理理论正是围绕利益相关者这一核心概念建构起来的。利益相关者管理理论的核心观点是企业的经营管理者要综合平衡各个利益相关者的利益。与传统的股东至上主义相比较，该理论认为任何一个公司的发展都离不开各利益相关者的投入或参与，企业追求的是利益相关者的整体利益而不仅仅是某些主体的利益。关于企业到底要维护谁的利益，或者要创造什么样的价值，有研究者这样认为："企业是不同利益相关者实现多元价值追求的平台，企业应为各利益相关者创造价值，积极追求经济、社会和环境的综合价值最大化，而不应单纯站在股东利益最大化的角度追求经济利益。在价值创造过程中，社会责任扮演着越来越重要的作用。"这一观点不容忽视。与利益相关者密切相关的另一个概念是企业的社会责任。有研究者发现，"企业社会责任在利益相关者压力与企业价值的关系中起到中介作用。利益相关者压力激发企业对资源及合法性的需求，会促使企业积极履行社会责任，而企业履行社会责任又将有助于企业价值的提高。"很显然，企业社会责任、企业价值等概念也参与了利益相关者管理理论的构建。

随着经济社会的发展，教育与产业之间的界限变得日益模糊。在产教融合的问题上，政府、企业、学校、行业、学生等都是利益相关者，或者互为利益相关者，这是一张复杂的利益关系之网。产教融合使得企业的利益相关者的范围得到了极大的拓展，企业在这种情况下将获得更多发展的资源与条件，对职业院校来说同样如此。政府作为另一个重要的利益主体一直在试图促进这种融合，并且也充分认识到要促进产教融合，必须强化企业的重要主体作用。政府在产教融合中的作用就是理顺各种利益关系，激发企业的积极性，拓宽企业参与途径。具体的做法包括：鼓励企业以独资、合资、合作等方式依法参与举办职业教育、高等教育。坚持准入条件透明化、审批范围最小化，细化标准、简化流程、优化服务，改进办学准入条件和审批环节。通过购买服务、委托管理等，支持企业参与公办职业学校办学。鼓励有条件的地区探索推进职业学校股份制、混合所有制改革，允许企业以资本、技术、管理等要素依法参与办学并享有权利。利益相关者理论已经不再是单纯的企业管理理论，其覆盖面已经得到极大的拓展，产教融合问题能够在利益相关者管理理论视野下得到较好的解释和说明。

1.4.2 官、产、学三螺旋理论

在现代社会，政府、产业界和教育界的关系越来越密切。于是，在20世纪90年代中期，美国纽约州立大学的社会学家亨利·埃茨科威兹和阿姆斯特丹科技学院的罗伊特·雷德斯多夫教授提出了官、产、学三螺旋理论。这一理论对现代社会中政府、产业和大学之间的新型互动关系进行了新的解释，认为政府、企业与大学是现代社会内部创新制度环境的三大要素，它们根据市场要求而联结起来，形成了三种力量交叉影响的三螺旋关系。21世纪初，该理论传入中国，中国学界对其评价是，三螺旋模式试图揭示和精确描述在创新系统中正在出现的制度力量的新结构。三螺旋理论不刻意强调谁是主体，而是强调政府、产业和大学的合作伙伴关系，政府、产业和大学三方都可以成为动态体系中的领导者、组织者和参与者，每个机构在运行过程中除保持自身的特有作用

外，可以起到其他机构的部分作用，三者相互作用、互惠互利、彼此重叠。目前三螺旋理论在技术创新、政策制定、产业发展、协同创新、制度变革等方面具有一定的解释力和指导作用。

中国语境下的产教融合必然会涉及官、学、产三种力量，或者说中国目前正在探索的产教融合在某种程度上是从属于三螺旋理论模型的。《国务院办公厅关于深化产教融合的若干意见》曾经对产教融合的工作任务、主要内容和责任单位进行详细的规定和布置。责任单位涉及数十个政府职能部门。这表明政府在这一过程中起着主导作用。政府主导的产教融合在某种程度上正是官、学、产三螺旋模式的一个中国版本。

一直以来，中国政府认为产教融合是促进经济社会协调发展的重要举措，这在多个政策文件中有所体现。政府作为推进产教融合的重要主体，对深化产教融合的目标有过这样的设想："逐步提高行业企业参与办学程度，健全多元化办学体制，全面推行校企协同育人，用10年左右时间，促使教育和产业统筹融合、良性互动的发展格局总体形成，需求导向的人才培养模式健全完善，人才教育供给与产业需求重大结构性矛盾基本解决，职业教育、高等教育对经济发展和产业升级的贡献显著增强。"这也表明中国产教融合的道路仍然比较漫长。官、产、学的三螺旋关系的建立与完善仍然要突破许多体制与机制的障碍。

官、产、学三条链条之间有一个基本的连接点，就是基于社会需求和院校学科实力而设置的专业。专业是一个人才培养的平台，也是产教融合的平台。正因为如此，国家经常会介入院校的专业设置与调整，而对院校来说专业建设则成了中心工作。目前，国家把推动学科专业建设与产业转型升级相适应作为促进产教融合的重要举措，提出要建立紧密对接产业链、创新链的学科专业体系。专业建设无疑是推进产教融合的一个重要的切入点。随着经济社会的发展，以及产教融合不断深化，中国本土的三螺旋理论也将不断地走向成熟。

1.4.3 政治论高等教育哲学

政治论高等教育哲学是相对于认识论高等教育哲学而言的。认识论高等教育哲学强调大学是传播和保存高深学问的场所，提倡为知识而知识。在这种观念的影响下，大学与社会生活是隔离的，大学被喻为"象牙塔"。美国高等教育学者布鲁贝克系统地阐释了两种高等教育哲学观。政治论高等教育哲学的基本主张就是大学应当走出象牙塔，广泛地融入社会生活之中，进而全方位地服务于国家和人民。布鲁贝克写道："如果没有学院和大学，那么，想理解我们复杂社会的复杂问题就几乎是不可能了，更不用说解决问题了。过去根据经验就可以解决的政府、企业、农业、劳动、原料、国际关系、教育、卫生等问题现在则需要极深奥的知识才能解决。而获得解决这些问题所需的知识和人才的最好的场所是高等学府。"美国威斯康星大学的办学实践在一定程度上印证了政治论高等教育哲学观。威斯康星大学确定了大学的服务职能，提出国家的边界就是校园的边界。政治论高等教育哲学也是一种工具论取向的高等教育哲学。曾经做过哈佛大学校长的德里克·博克在《走出象牙塔——现代大学的社会责任》一书中写道："随着大学规模和影响的扩大，它的财政需要也相应地增加了。对资金的寻求已经变得不遗余力，范围也越来越广，教育工作者已经不能仅靠工业家的资助办大学了。第二次世界大战以后，即使是公立学校也成立了专门的机构，并设专人向基金会、公司和校友寻求资助。更重要的是，公立和私立大学都在用越来越多的时间准备提案，以求联邦政府拨款支持大学开展研究、添置新的设备以及设立学生助学金等。由此，社会越来越依赖大学，大学也越来越依靠社会的资助来支持其日益增多的活动的经费开支。""走出象牙塔"成为政治论高等教育哲学的宣言。随着高等教育进入大众化时代，创业型大学、服务型大学、产学研合作、协同创新等概念开始流行，大学的社会服务职能被空前强化，政治论高等教育哲学的地位更加显著和牢固。政治论高等教育哲学强调政府对高等教育的干预，布鲁贝克写道："高等教育越卷入社会的事务中就越有必要用政治观点来看待它。就像战争的意义太重大，不能完全交给将军们决定一样，高等教育也相当重要，不能完全留给教授们决定。"尽管学术自由和学术自治的规则仍然有效，但对学术自由的干预也被认为是必要的。职业教育是现代社会生活的重要领域，并且与其他社会生活领域有着复杂的关联。产教融合正是这种复杂关系的当下表征，体现了政治论高等教育哲学的基本精神。众所周知，高等职业教育是国家整体教育事业的重要组成部分，在中国高等教育大众化进程中扮演十分重要的角色。高等职业教育在性质上属于职业教育，在层次上则属于高等教育。另外，随着应用技术本科的兴起，职业教育向上延伸到本科层面，而专业学位研究生教育通常也被媒体认为是研究生层次的职业教育。目前，职业教育深化产教融合的主要领域仍然集中在高等职业教育领域。当产教实现深度融合的时候，职业教育也能够更好地实现其价值，凸显其职能，并在解决国家的现实问题中发挥特殊的作用。

1.5 研究方法

1. 问卷调查法

为系统了解高职院校在战略性新兴产业领域的科研进校经费、专利授权数、专利或技术转让数、教学与科研员工数、研究所等情况，按照地域适度均衡的原则选择50所国家示范性高等职业院校，对相关负责人进行在线或现场问卷调查。

2. 专家访谈法

为了解湖南高职院校战略性新兴产业相关专业毕业生质量,了解湖南战略性新兴产业对科技服务、技能人才等需求情况，需要对各产业所属重点企业负责人进行面对面访谈。

3. 头脑风暴和德尔菲法

确定湖南高职院校能为战略性新兴产业提供的相关服务、实现路径、各主体的应对措施时，邀请相关专家，头脑风暴法和德尔菲法。

此外，本研究还用到文献分析、比较分析、网络搜索等研究方法。

第2章　我国高职院校服务战略性新兴产业的现状

2.1　我国战略性新兴产业的发展现状

我国战略性新兴产业在推动新旧动能转换，构建现代化经济体系中，正发挥着越来越大的引领作用。在《"十三五"国家战略性新兴产业发展规划》加快落实的大背景下，我国战略性新兴产业继续保持了较快增长态势，新业态、新模式不断涌现，创新能力稳定提升，国际合作研发、产品和商业模式"引进来"和"走出去"路线取得了实质进展。与此同时，战略性新兴产业对于推动地区经济结构优化转型，提高全要素生产率，实现经济高质量发展正发挥着实质性的影响。

2.1.1　重大措施有序出台

"十三五"以来，国务院和相关部门先后出台近20个与战略性新兴产业密切相关的顶层政策文件，为战略性新兴产业重点行业的发展提供了强有力的政策支撑。具体来看，在新一代信息技术领域出台《"十三五"国家信息化规划》《新一代人工智能发展规划》等六个专项规划，在高端装备制造方面出台《智能制造发展规划（2016—2020年）》《中国民用航空发展第十三个五年规划》《新材料产业发展指南》等6个细分规划，在绿色低碳领域出台《"十三五"节能环保产业发展规划》等3个专项规划，在生物领域出台《"十三五"生物产业发展规划》，在数字创意领域出台《文化部关于推动数字文化产业创新发展的指导意见》等。截至2017年底，全国共有30个省（区、市）和5个计划单列市发布了"十三五"战略性新兴产业发展相关政策。其中，24个省（区、市）已正式颁布省域"十三五"战略性新兴产业发展规划或指导意见，6个省（区、市）颁布了省域"十三五"战略性新兴产业发展规划的相关政策，如省域"十三五"科技发展规划、省域"十三五"现代产业发展规划等。在已出台的省（区、市）"十三五"战略性新兴产业发展规划和政策文件中，有30个省（区、市）提出发展信息技术产业和生物产业，29个省（区、市）提出发展高端装备制造业和新材料产业，28个省（区、市）提出发展节能环保产业，27个省（区、市）提出发展新能源汽车产业，26个省（区、市）提出发展能源新技术产业，15个省（区、市）提出发展数字创意产业。此外，还有部分省（区、市）将具有本省（区、市）特点的相关产业划为重点发展的战略性新兴产业。例如，山东省将发展现代海洋产业列入战略性新兴产业，山西省将现代煤化工产业及煤层气产业作为战略性新兴产业。

2.1.2　大力引导资源投向

一是试点示范推动重大工程。针对《"十三五"国家战略性新兴产业发展规划》提出的21个重大工程，相关部门按照分工方案抓紧推进。初步统计，国家发展和改革委员会（以下简称国家发展改革委）、科学技术部（以下简称科技部）、工业和信息化部、财政部等近30个相关部门相继发布了《新材料关键技术产业化实施方案（2018—2020年）》《"十三五"现代服务业科技创新专项规划》《增材制造产业发展行动计划（2017—2020年）》《关于推进新能源微电网示范项目建设的指导意见》等40余项支持重大工程的政策性文件。同时，围绕重大工程，相关部门积极实施了"百兆乡村"示范工程、农村宽带覆盖新技术应用示范工程、人工智能创新发展工程、农业物联网区域试验试点工程、"十三五"海洋经济创新发展示范、水泥窑协同处置固体废物试点示范、文化创意产品开发试点工作等一批相关（试点）工程与重点项目。

二是推动金融支持产业发展。国务院办公厅转发证监会《关于开展创新企业境内发行股票或存托凭证试点若干意见的通知》，开辟了互联网、大数据、云计算、人工智能、软件和集成电路、高端装备制造、生物医药等战略性新兴产业重点领域的独角兽企业优先上市通道。国家发展改革委分别与国家开发银行和中国进出口银行签署合作协议，两银行将分别向战略性新兴产业提供不低于1.5万亿元和800亿元的融资支持，国家发展改革委还与建设银行共同发起设立目标规模约3000亿元的战略性新兴产业发展基金，各地在设立专项资金扶持战略性新兴产业发展方面也做了大量工作。

2.1.3　产业发展成绩亮眼

一是发展速度快。"十三五"以来，战略性新兴产业持续增速快于总体经济增速。2016年及2017年，全国战略性新兴产业工业增加值同比分别增长10.5%和11%。2016年及2017年，全国战略性新兴产业中服务业营业收入同比分别增长15.1%和17.3%，比同期全国服务业整体增速高出一倍左右。2018年上半年，战略性新兴产业延续快速增长态势，其工业增加值同比增长8.7%，比同期规模以上工业快两个百分点。战略性新兴产业上市公司同样实现了快速增长，2016至2017年其营收年均增速17.8%，高于上市公司总体增速4.3个百分点。2017年战略性新兴产业上市公司营收占上市公司总体比重达10%，较"十二五"末提升一个百分点。

二是盈利状况好。2016至2017年，战略性新兴产业上市公司利润年均增速达到19.8%，比上市公司（剔除金融类）1.3%的整体增速高出近一倍。同期战略性新兴产业上市公司利润率达10.6%。比上市公司总体高出50%。2018年上半年战略性新兴产业上市公司盈利表现依然良好，利润率为9.3%，高于同期上市公司总体（剔除金融类）一个百分点。

三是投资活力高。"十三五"以来，战略性新兴产业企业成为全社会资金投入重点。2017年，战略性新兴产业重点行业完成固定资产投资4.34万亿元，2016至2017年，投资额年均增速为8.9%，高于同期全社会固定资产投资年均增速1.9个百分点。此外。2016至2017年共有203家战略性新兴产业企业在A股市场融资上市，共募资1273亿元，占同期A股首次公开募股资金总额的33.6%。同期，超过4000家战略性新兴产业企业获得风险资本投资，投资额超过8000亿元，占风险资本总投资额约90%。

2.1.4　重点产业全面发展

1. 新一代信息技术和生物产业领头羊地位进一步巩固

"十三五"以来，新一代信息技术和生物产业作为战略性新兴产业中规模最大、创新最密集的两个产业，实现了较快增长，持续发挥了支柱作用。

一方面，信息消费带动电子信息产业延续快速发展态势。2016至2017年，规模以上电子信息制造业产值年均增长11.9%，增速快于同期全部规模以上工业5.6个百分点，2017年电子信息制造业产值占规模以上工业增加值的比重达到

7.7%。2017年，全国软件和信息技术服务业完成业务收入5.5万亿元，同比增长13.9%，收入规模较"十二五"末增长了近三成。2017年，网民及手机网民规模分别为7.72亿人和7.53亿人，手机网民占比达97.5%，较"十二五"末提升7.4个百分点。此外，信息技术与经济社会各领域跨界融合不断加深，数字经济、平台经济和共享经济广泛渗透，移动支付、网络购物和共享单车处于全球引先地位。信息消费从生活消费加速向产业消费渗透，成为创新最活跃、增长最迅猛、辐射最广泛的经济领域之一。

另一方面，随着我国经济的发展、生活环境的变化、人们健康观念的转变，以及人口老龄化进程的加快，与居民生活质量密切相关的生物产业近年来保持了持续快速增长的态势。2017年医药制造业主营业务收入达2.8万亿元，该指标在2016至2017年年均增速达11.1%，2018年上半年增速升至13.5%，分别高于同期工业企业3.1个百分点和3.6个百分点。2017年，我国医疗器械市场收入规模达4176亿元，同比增长13%，规模较"十二五"末增长35.6%；同时，在分级诊疗制度落地、鼓励国产器械发展，以及设立特别审批通道等诸多政策红利带动下，我国医疗器械产业快速增长，一批优秀国产医疗器械企业不断壮大，在国内市场所占的份额逐年提升。

2. 绿色低碳和数字创意产业的新引擎作用突出

伴随着节能环保政策的加快推进落实，绿色低碳产业继续实现快速增长。2016至2017年节能环保产业上市公司营收总额年均增速达32.1%，高于同期战略性新兴产业上市公司整体营收增速15.1个百分点，增速连续两年领跑。2017年，节能服务产业总产值达4148亿元，同比增长16.3%，产值规模较"十二五"末增长32.7%。2017年，合同能源管理项目形成年节能能力3812.3万吨标准煤，较2016年增长65%，相应形成年减排CO_2能力超过1亿吨。2017年废旧资源综合利用主营业务收入达4061.3亿元，同比增长16.9%，比2016年提升10.4个百分点。"十三五"以来，我国新能源产业保持快速增长态势，在装机量不断攀升的同时，产业化技术水平逐渐提高，正从新能源大国向新能源强国快速转型。2017年电力发电高增装机中新能源占比首次超过50%，新能源发电替代成效显著。截至2017年底，风电、光伏发电及生物质发电累计装机量分别为1.64亿千瓦、1.30亿千瓦和1476万千瓦，装机量较"十二五"末分别提升27.1%、201.1%和43.2%；2017年三者发电总量占比达7.8%，较"十五"末提升2.9个百分点。截至2017年底，我国投入商业运行的核电机组达37台，规模位列世界第四，在建核电机组规模位列世界第一。大规模消纳新能源是世界性难题，与国外相比，我国资源储备、能源结构、市场条件等有很大不同，新能源消纳问题更为突出。不过随着一系列促进新能源消纳的政策的出台和支撑新能源大规模友好并网技术的攻克，新能源消纳难题得到明显缓解。2017年，弃风电量419亿千瓦·时，同比减少78亿千瓦·时，弃风率12%同比下降5.2个百分点；弃光电量73亿千瓦·时，弃光率6%，同比下降4.3个百分点。新能源汽车由示范阶段进入快速普及阶段，行业景气度持续处于高位。2017年我国新能源汽车全年总销量777万辆，同比增长53%，销量较"十二五"末增长134.7%，连续三年位居世界首位。2017年，纯电动车和插电式混动车年销量分别达65.2万辆和12.5万辆，分别较"十二五"末增长163.5%和495%。虽然增速快，但目前我国新能源汽车渗透率仍不足3%，未来渗透率提升空间仍然巨大，预计"十三五"末国内新能源汽车销量将超过200万辆，年均增速将超过40%。移动互联网与数字技术的快速发展驱动数字创意产业爆发式增长。一方面，以数字音乐、网络文学、动漫、影视、游戏、直播等为代表的一大批新兴数字文化行业快速崛起，出现了一批极具爆发力的产业发展热点，这些典型行业在2012

至2017年年均增长速度超过了20%。2017年我国数字音乐市场营收规模达到180亿元，2016至2017年年均增长32.3%；截至2017年年底，中国网络文学用户数量已达到3.68亿人，占网民总体的45.6%，规模较"十二五"末增长23.9%；2017年国内游戏市场营收达到2036.1亿元，2016至2017年年均增长20.3%；2017年我国网络表演（直播）市场整体营收规模达到304.5亿元，2016至2017年年均增长83.9%。另一方面，消费需求升级和创新发展驱动数字创意装备和创意设计产业实现高速增长。智能手机、智能电视市场渗透率超过80%，智能可穿戴设备、智能家居产品、虚拟现实（ virtual reality，VR ）设备等新兴数字创意装备产品种类不断丰富。2017年，中国智能可穿戴设备营收达264.2亿元，2016至2017年年均增长56.5%；2017年我国VR产业市场规模达到160亿元，约为"十二五"末的10倍。

3.高端装备制造产业继续保持平稳较快增长

在产业升级需求和技术创新的引领下，高端装备制造业在"十三五"以来实现平稳较快增长。2017年高端装备制造（含高端装备制造及新材料产业）上市公司营收总额达65557亿元，2016至2017年年均增长6.8%。在高端装备制造领域，航空装备、卫星及其应用、智能制造等重点子行业均表现良好，2016至2017年上述行业上市公司营收规模年均增长分别为10.6%、18.6%和23.3%。在新材料领域，随着上游原材料需求的快速增长，产业实现较快发展，"十三五"以来新材料上市公司营收规模年均增长23.7%。

2.2　我国战略性新兴产业发展存在的问题

2.2.1　统筹协调和产业布局的优化不够

"十二五"期间，某些领域出现过度重复建设的问题，以光伏为代表的部分战略性新兴产业产能相对过剩，我国风电装机容量已占世界首位，相对并网发电容量已经呈现产能过剩的现象。新一代信息技术产业是涉及材料、能源、交通、信息等多个产业的领域，各政府主管部门往往只围绕各自的领域来部署发展方向和进行重点扶持，这导致新一代信息技术产业发展缺乏顶层设计和整体布局。相关的政策和规划也未能从全产业链协同发展的层面进行统筹考虑，这造成投入相对分散、规划协调性不强、交叉领域投入不足等问题。从国内各地区发布的新材料产业规划来看，相关产业的区域布局还没有立足于各地区自身的条件和优势，还没有做到科学合理定位，实现差异化分工，存在着严重的趋同现象。一些产业因产业链上游的产品无法在下游使用，而呈现上游产能过剩、下游市场有效供应不足的现象。节能环保产业在空间布局上呈现集聚发展态势，形成了京津冀、长三角、珠三角、长株潭等集聚发展区。但是节能环保产业发展水平与区域经济发展水平呈现一致性，导致区域发展不平衡。

2.2.2　技术创新与应用基础研究能力亟待加强

尽管"十二五"期间战略性新兴产业在部分领域的技术得到了显著突破，但企业的整体科研实力特别是基础研究水平长期落后，核心技术掌握仍然不足，部分关键设备、高端产品依赖进口的现象仍旧存在。我国已建立了一定数量的共性研发机构和跨领域研发平台，但仍存在资源整合利用能力差、协同创新动力不足、资金投入有限、共性开发平台数量和范围有限、规划体系不完善、保障机制不足等问题，整体上尚未形成良好的共性技术创新发展环境。节能环保技术创新体系不完善，技术研发投入严重不足，缺乏自主知识产权技术支撑。涉及信息化、智能化、高效化等的共性技术，依然存在差距，信息共享平台的建设也有待完善。在国家政策大力扶持下，北斗导航飞速发展，但仍面临核心技术缺失的问题，自主知识产权市场占有率低，我国卫星定位关键芯片市场95%被美国占领。我国新能源汽车领域的锂离子动力电池、燃料电池、深度混合动力等核心技术，在整体上还处于追赶期。目前我国新材料领域没有形成大批具有自主知识产权的材料品牌与体系，通用基础原材料的国家及行业标准、统一的设计规范和质量控制规范尚不完善，缺乏符合行业标准的新材料设计、制造、评价共享数据库，基础支撑体系缺失。

2.2.3 人才培养不能满足产业快速发展要求

战略性新兴产业作为技术高度密集、创新异常活跃的产业领域，人才和技术是其核心竞争力。我国在网络空间安全领域的人才结构不完善、规模不足，无法满足日益严峻的安全形势和网络空间安全产业发展的需求。我国机器人产业正在追赶并超越发达国家，但领军人才、技术研发人才、操作及维修人员等人才缺口问题已经开始显现，所以急需大量创新型、复合型、国际化人才。工业机器人是自动化、智能化设备，若操作及维护不当，将严重影响企业生产甚至造成恶性生产事故，从目前我国现有的劳动力结构来看，应加快人才培养，满足大批企业推行"机器换人"所带来的技术人员缺口。节能环保产业的科技人员比重远低于其他行业，我国环保产业获得认可的技术及相关职称评定人员数量较低，总体人才层次偏低，节能环保产业从业人员的数量、结构无法满足产业快速发展的需求

2.2.4   政策机制等产业发展环境需持续完善

"十二五"以来，我国陆续出台了一系列法律法规和政策，极大地推动了战略性新兴产业的发展，但是随着市场化的加速，市场逐步放开，相应配套的政策和机制还不健全。节能环保法规和标准体系不健全，相关立法缺失，机动车污染防治条例等方面的法规迟迟未出台，相关细分领域的行业准入制度尚未建立，相关节能环保技术产品标准缺失，重点用能产品能效标准、重点行业能耗限额标准和污染物排放标准等滞后。

2.3   我国高职院校服务战略性新兴产业的现状

截至2017年，我国高职院校1388所，在校生总数1105万人，毕业生351.6万人。目前，中国经济总量已超过日本，成为全球第二大经济体。当此之时，中央提出转变经济发展方式，大力发展战略性新兴产业，并把发展战略性新兴产业作为新一轮经济增长的引擎。高等职业院校作为高技能人才培养和输出院校，为战略性新兴产业的发展提供了大量人才和优质服务，如通过调整现有专业结构，开发教材，建设课程，根据企业需求及时更新教学内容，新建实训基地等方法提高人才培养质量。

23

2.3.1 国家出台了系列产教融合政策

1. 产教融合系列政策持续发力

国务院办公厅出台深化产教融合的若干意见，对全面统筹教育和产业融合发展做出进一步部署；同时，关于深化教育体制改革的意见、新时期教育对外开放工作若干意见、制造业人才发展规划指南、教育脱贫攻坚"十三五"规划、推进共建"一带一路"教育行动等系列政策启动实施，职业教育服务国家发展战略的目标定位更加明确，内容更加具体，机制更具活力。职业教育产教融合的实践，为国家教育改革贡献了经验。

2. 政策引导激发优质院校建设活力

2017年，安徽、福建、甘肃、广东、贵州、河北、河南、黑龙江、湖南、江苏、江西、辽宁、山东、陕西、四川、云南、浙江、重庆、内蒙古、山西、湖北、广西、吉林、天津等26个省份启动了省级优质高职院校建设并给予重点支持，浙江省对5所重点建设院校每年投入专项资金2.5亿元，长沙市政府投入2.4亿元支持长沙旅游商贸职业技术学院建设省级卓越校。在实行存量改革、打破身份固化、激发建设活力的政策引导下，进入省级"优质院校""高水平院校""一流院校""卓越院校"建设的403所院校中，80所是非国家级、省级示范（骨干）高职院校，而14所国家示范（骨干）高职院校、133所省级示范（骨干）院校则未进入省级优质校行列。湖南省发布"芙蓉人才"行动计划，优先支持高职院校建立灵活的专业人才引进机制，择优聘任产业导师、技能大师，按聘用期每人每年资助10万元。江西省实施"百校千企"校企合作推进计划和技术技能名师培育计划，面向高职院校遴选培养100名中青年技术技能名师。贵州省铜仁市政府实施职业院校高层次人才引进补贴政策，每引进一名博士以上人员政府给予补贴30万元。

2.3.2　高职院校主动面向战略性新兴产业结构调整需求

适应产业转型升级需求，服务新产业、新装备、新动能的专业点数大幅增加，智能制造、电子信息、移动互联技术等专业点数达1.2万多个；高职专业支撑新兴产业发展能力增强。部分专业积极调整办学方向，增设大数据应用技术、云计算技术、物联网、4G/5G网络技术、智慧城市、智能医疗技术、现代农业等新兴专业方向近300个。多地教育主管部门履行主体责任，健全建设机制，以优质院校、骨干专业、生产性实训基地等重点项目建设为引领，推动建设任务（项目）落地。各地紧紧围绕服务国家重点战略、瞄准区域支柱产业和战略新兴产业布局建设骨干专业，有30个省份（含兵团）共建设骨干专业3930个，比去年增加了24%，服务产业能力得到提升。

专业链建在产业链、需求链上，支撑了区域主导产业发展。广东省高职院校积极服务粤港澳大湾区建设，通过院校集群对接城市集群、专业集群对接产业集群，七所院校建立一个专业集群，161个专业，对接大湾区重点发展产业，占专业数的62%，涉及学生占在校生总数的40%。甘肃省高职院校根据区域产业发展需求，在兰州、白银等地重点建设石油化工、有色冶金、装备制造、轻工业加工等专业；在酒泉、嘉峪关、金昌、张掖、武威等地重点建设风能、太阳能、高性能结构材料等相关专业；在甘南、临夏等地加强特色种植、生态环保等相关专业建设，形成了"校校有特色、生生有技能、人人有出路、从业到城镇"的发展新格局。

2.3.3 建设对接战略性新兴产业专业教学资源库

近年来，专业教学资源库专项引导作用进一步显现。"自主建设、省级统筹、择优入库、有序支持、验收监测、持续更新"的资源库建设运行机制不断完善。专业教学资源库的社会影响不断扩大，跨区域、跨行业共建共享机制初步建立，2017年新增69个国家级备选库，累计1043所院校和3094家行业企业参与建设，东西部高职院校联合主持资源库17个，占联合申报的47.2%，为推动教学质量提升与深化产教融合拓宽了平台。资源库的覆盖面更加广泛，已立项建设的资源库覆盖了高职教育19个专业大类、51个专业类；服务国家重点产业发展的导向更加明显，28个专业资源库与"中国制造2025"确定的新一代信息技术、高端装备、新材料、生物医药、农机装备等10个战略重点行业直接相关。

一批院校系统梳理专业建设的基本流程，完善专业建设制度，形成了标准化、规范化的专业建设机制；根据行业、产业先进技术和标准，制定了一系列具有中国特色、体现院校特征且被国际认可的专业教学标准，提升了专业的国际影响力。天津机电职业技术学院以建设印度"鲁班工坊"为契机，编写《工业机器人应用技术》专业标准、课程标准和双语教材，并在印度当地使用。湖南高速铁路职业技术学院制定了《铁道信号自动控制》《铁道车辆》两个专业标准、《铁路车站信号设备》等四门课程标准，并与老挝国立大学、泰国孔敬大学等六所国外学校签订合作协议，培养当地铁路建设人才，使专业教学资源整合能力增强。

2.3.4　校企合作更加紧密

企业将参与人才培养作为履行社会责任、提高市场竞争力的重要策略，投入优势资源参与院校专业建设、课程开发和实践教学等环节。2017年，企业提供的校内实践教学设备价值达215.7亿元，院校年支付企业兼职教师报酬达11.8亿元。北京交通运输职业学院牵头成立全国城市轨道交通职业教育集团，涵盖北京、广东等地近170家职业院校、城市轨道交通运营企业、轨道交通装备制造企业、职业技能鉴定机构，提升了校企合作质量。上海工商职业技术学院与大唐电信科技产业集团深度合作，建成"双能型"教学团队，指导学生斩获全国职业技能大赛等比赛的44个奖项。2017年，高职院校共为世界500强和中国500强企业输送了23.4万余名技术技能人才，阿里巴巴、华为、中兴、大疆无人机等行业巨头与一批高职院校深化合作，共建二级学院、合建人才培养基地、共同开展技术研发，为教育教学带来最先进的产业元素，进一步拓展了高职院校服务中国制造的层次和范围。

2.3.5　积极开展技术研发

2017年，我国规模以上工业战略性新兴产业营收比上年增长11%，对技术技能人才的需求与日俱增。在航空航天、人工智能、高速铁路、智能制造等领域，一批高职院校融合行业先进要素、标准、管理、文化和发展需求，在服务产业发展中实现专业高水平发展，为服务中国制造提供了内生动力。苏州工业职业技术学院的80%专业、80%博士和协同创新平台聚焦智能制造领域，拥有省级科技创新团队4个，省级以上智能制造创新与服务平台10个，储建华博士获得江苏省"双创人才"称号，并担任国家重点研发计划——智能机器人研发项目首席科学家和项目总负责人；学院与亨通集团签订意向合同标的金额达450万元，与苏州胜利精密签订意向合同标的金额达1200万元，在地方智能制造产业科技创新与成果转化中发挥了重要作用。四川工程职业技术学院针对航空航天产业的发展构建高端产学研平台。由德阳市政府每年提供1200万元的运行经费，建成德阳中科先进制造创新育成中心；建成航空材料检验检测中心，为中国二重、420厂等开展服务和培训；建设四川省工业机器人应用创新中心，获得瑞士ABB等三家公司价值500万元的机器人捐赠。福建信息职业技术学院与福建骏鹏公司合作成立工业自动化事业部，选派机电工程系骨干教师担任总经理，组建研发团队开发数控折弯机器人系统。公司近三年投入资金1.2亿元，新增工业机器人200多台，完成了数控折弯、自动焊接等七条自动化生产线建设，产值由原来的8000多万元增加到3.6亿元，同时还减少操作人员约200人。

高职院校依托技术优势，为绿色食品、生态农业等现代绿色农业注入新要素，帮助完善农村产业体系、生产体系、经营体系，推动农村绿色低碳产业发展。农业类高职院校技术研发和推广具有明显优势，七成院校横向与纵向服务收入在100万元以上，江苏农林职业技术学院等五所院校在1000万以上。黑龙江林业职业技术学院实施的"宏大"黑木耳菌种选育及推广栽培项目，为黑龙江林区和农村创造产值40多亿元。江西环境工程职业学院林业类专业"定向招生，定向培养，定向就业"，四年来培养定向生3184人，岗位覆盖87个县市；完成林业技术服务项目721个，实现产值4000多万元；承担受中央财政支持的林业科技推广项目六个，项目资金1480万元，推广新技术160余项，培训3万余人次，为区域农林经济发展做出了重要贡献。

高职院校提前布局，服务支撑当地战略性新兴产业发展。在产业转型升级背景下，中西部地区加快布局新经济，将新能源汽车、新能源产业、高端装备制造、生物医药、电子信息、新材料等新兴产业作为重点扶植发展对象。部分高职院校已经开始对接区域战略产业，设立技术研发与服务中心。贵州交通职业技术学院对接贵州大数据产业发展，牵头成立贵州大数据产业职业教育集团。该校与贵州大数据旅游产业股份有限公司合作开展的贵州交通应急救援系统，构建了基于安卓智能手机与北斗导航系统的移动应急救援多功能系统，提供一键呼救、定位、跟踪和导航功能，实现对突发事故的实时应急响应，是北斗导航系统在民用领域的创新应用。湖南国防工业职业技术学院深化与机器人制造企业及大型军工企业的产教研合作，与长沙达邦机电科技有限公司合作共建"四轴并联机器人生产研制基地"，承担江南工业集团军品生产试制研发任务，创造经济效益200余万元。河南工业职业技术学院获得河南省国防科工局军民融合项目扶持资金240万元，初步建成高分辨率对地观测南阳分中心，与中国电子科技集团第27研究所等共建空间信息技术协同创新中心，与中国航天科技国际交流中心共建航天军民融合校企合作示范基地、航天高技能人才培养基地，与解放军信息工程大学等共建北斗南阳分中心，与河南恩大投资集团共建通用航空学院。

2.4　我国高职院校服务战略性新兴产业发展的问题

随着新兴产业的进一步发展，高等职业院校逐渐重视服务战略性新兴产业，取得了较为突出的成绩，也凸显出一些问题，具体表现在以下几个方面。

2.4.1 对专业设置缺乏整体规划

专业是高职院校办学与社会经济发展的契合点，当前高职院校对专业设置及专业发展的整体规划不够。开办新专业之前，没有认真分析区域产业背景、行业格局、企业需求和自身办学条件，专业设置在一定程度上带有随意性和盲目性，跟风设置所谓的热门专业，与区域行业接轨不密切，其结果是大量相同或相似专业的重复设置，优质资源分散，专业同质化现象严重。区域性和行业性的高职院校区分度不明显，一些投入成本低、针对性不强的专业，各个高职院校都有设置。专业发展具有一定的局限性，一些高职院校根据区域内行业规划及国家对战略性新兴产业的发展布局设置针对性较强的专业，却忽视了新兴产业在发展过程中的风险性和市场需求的不可预测性。当新兴产业在发展过程中遭遇问题和困难，对人才需求量降低时，高职院校服务战略性新兴产业显得非常被动，专业发展受到很大影响。

以湖南省为例，截至2018年，湖南省有高职（高专）院校69所，专业点1686个，其中长株潭地区共有46所，约占全省高职院校总数的66%；在校生56.04万人，毕业生18万余人，办学规模排全国第5位。2018年，招生21.4万人，比上年增长5.57%；招生数占高等学校招生总数的52.22%，比2017年增长2.04个百分点。但是其专业设置与战略性新兴产业的发展需求不匹配、不协调，人才绝对短缺和结构性短缺并存。

从专业结构来看，大部分高职院校的开设仍以服务传统产业为主，绝大多数高职院校都开设了商务英语、电子商务、文秘、市场营销、计算机类、数控技术、模具设计与制造、机电类专业。湖南省高职院校开办最多的20个专业全是传统专业。与湖南七大战略性新兴产业对接的专业点仅有726个，占全省专业点的43%，其中，与高端装备产业对接的专业点较多，有414个；与新一代信息产业对接的专业点160个；与新材料产业和绿色低碳产业对接的专业点较少，分别是10个和17个。

　　湖南战略性新兴产业人才需求出现不平衡的情况，湖南信息产业、文化创意产业发展较快，基本趋于成熟，如湖南广电集团、湖南蓝猫卡通传媒有限公司等企业都已打造出自己的特色品牌，有较强的品牌效应、较高的社会影响力。因此，较多湖南高职院校开设信息技术、动漫等专业，湖南信息职业技术学院、湖南大众传媒职业技术学院重点打造以信息、动漫为主的专业群，使信息产业、文化创意产业的技能型人才需求得到基本满足，但其他五大战略性新兴产业的技术技能型人才短缺，如新能源产业，仅湖南电气职业技术学院、湖南理工职业技术学院两所高职院校开设了太阳能技术专业，仅湖南电气职业技术学院开设了风能技术专业，至于新能源装备、分布式发电与微电网技术等方面的专业，仅湖南理工职业技术学院开设且招生数量不多。同时，在新材料、生物、节能、环保等方面开设的相关专业较少，这对于产业发展十分不利。航空航天是湖南省战略性新兴产业高端装备制造业的发展重点，但湖南省开设相关专业的高职院校凤毛麟角，如航空材料精密成型方面的专业仅在张家界航空工业职业技术学院开设，航空发动机维修、通用航空器维修等方面的专业则只在长沙航空职业技术学院开设，一些紧俏专业仍呈空白状态，如高分子合成技术、轧钢工程技术、能源变换技术等方面的专业。湖南高职院校对接新兴产业的专业设置出现了一定程度的滞后性，这与当前战略产业发展要求不相匹配。

2.4.2 高端技术技能型人才培养滞后于战略性新兴产业发展

战略性新兴产业作为技术高度密集、创意异常活跃的产业领域，人才是核心竞争力，"十三五"期间，人才的质量直接关系战略性新兴产业的发展壮大，其中，高端技术技能型人才的质量将直接决定产品性能、服务质量和企业竞争力，直接影响区域与国家间的竞争格局，是影响社会经济发展的重要因素。高端技术技能人才主要有两个来源，一是来源于企业经过培训的原有技术人才，二是来源于高等职业院校。随着战略性新兴产业发展，对高端技术技能型人才的需求量不断增加。目前每年社会上各类网络高端技术技能人才的需求量正以 71.2% 的平均速度递增，"十三五"期间人才需求量将达到 100 万，而目前的供给及培养速度远远满足不了需求。目前，我国战略性新兴产业对高端技术技能型人才的需求处于"求贤若渴"的状态。以新一代信息技术产业为例，由于我国在电子信息技术领域的教育起步较晚，新一代信息技术产业专业人才相对匮乏。以网络空间安全产业方向为例，网络空间安全产业的竞争不仅仅是技术和产品的竞争，更重要的是高素质人才的竞争，而我国在网络空间安全领域的人才结构不完善、规模不足，无法满足网络空间安全产业发展的需求。以我国机器人产业发展为例，领军人才、技术研发人才、操作及维修人员等人才缺口已经开始显现。工业机器人作为自动化智能化设备，若操作及维护不当，将严重影响企业生产甚至造成恶性生产事故，目前我国急需加快人才培养，以填补大批企业进行"机器换人"所带来的技术人员缺口。据统计，节能环保行业的科技人员比重远低于其他行业，根据最新的环保产业调查数据，我国环保产业从业人员约319.5万人，其中，高级技师、技师、高级工、中级工的数量分别为24万人、6.3万人、12.1万人和21.3万人。在从业人员获得职称方面，高级技术、中级技术、初级技术数量分别为6.8万人、16.2万人、24.2万人。我国环保产业获得认可的技术及相关职称评定人员数量较少，总体人才专业水平偏低。节能环保产业从业人员的数量、结构无法满足产业快速发展的需求。

以湖南为例，据《2018年湖南省"芙蓉人才行动计划"重点产业人才需求目录》显示，湖南重点产业包括：先进轨道交通装备、工程机械、新材料、电力装备、新一代信息技术、航空航天装备、生物医药及高性能医疗器械、节能环保产业、高档数控机床和机器人、农业机械等。可见，湖南重点产业大多为战略性新兴产业。据统计，湖南省先进轨道交通装备、工程机械、新材料等重点优势产业人才需求旺盛，电机设计、智能制造、新材料研发、生物医药研发等专业技术类人才和研发人才非常紧缺。

据统计，目前湖南省七大战略性新兴产业的人才需求总量超过2万名，其中，需要高层次人才3973名、高端技术技能型人才5005名、普通技能型人才8022名。高层次人才需求量中排在前三位的分别是工程技术人员、企业高级管理人员、研发设计人员；高端技术技能人才需求量中排在前三位的分别为机械制造加工、机电产品装配、市场营销方面的人才。七大产业中按人才需求量排列，分别为先进装备制造产业、信息产业、新能源产业、生物产业、新材料产业、文化创意产业、节能环保产业。从湖南省战略性新兴产业的人才层次需求分析，人才需求最大的是各类技术技能型人才，占人才总需求的77%。技术技能型人才是战略性新兴产业中处于生产、管理、服务一线的主力军，其质量将直接决定产品性能的优劣、服务质量的高低、企业声誉的好坏以及企业的发展和国际竞争力，甚至影响整个产业的发展壮大。因此，培育战略性新兴产业的技术技能型人才对整个产业的发展起着举足轻重的作用。

随着产业的发展升级、工艺的推陈出新、新技术的广泛运用、产品的更新换代，必将产生大量与新兴产业对应的新型岗位群，其对技术技能型人才的需求也在不断发生变化。由于高校与战略性新兴产业对接的专业少，人才储备少，技术人才相对缺乏，而人才的培养本身需要一个过程，使得高端技术技能型人才培养相对滞后于战略性新兴产业发展。目前我国高职类专业学制一般为三年，部分专业为两年。高职学生在校掌握的知识和技能一般落后于产业发展水平，使得学生毕业后进入企业难以适应岗位技术技能的新要求。

2.4.3　师资队伍与战略性新兴产业发展不匹配

当前我国高等职业院校的教师主要是从普通高校直接转到高职院校的，他们大多数缺乏生产实践经验和高职教育理念。面对战略性新兴产业的兴起，高职院校主动服务产业显得"心有余而力不足"，主要体现在教师所学专业与产业所需专业不匹配，教师科研能力、实践动手能力不强，不能有效开展应用研究，"双师型"教师缺乏；新兴产业部分技术保密，企业兼职教师很难接触到。高职院校的老教师则大都相对保守，教学内容和教学方法单一，难以接受新技术、新方法，缺乏创新精神。这种"老教师重传统，新教师偏理论"的状况使得高职院校培养的学生难以适应战略性新兴产业发展的需求。此外，教学资源和教学模式相对落后，部分课程教学内容循环往复，长年不变，未能根据产业发展水平更新教学内容；教学模式单一，传统的讲授法难以吸引大学生，教学效果大打折扣。部分院校仍然存在专业教学资源短缺、生师比高、专业质量认证机制缺失等问题，46所院校的生师比高20∶1，同时，校企合而不深、合而不融的问题依然存在，部分校企的合作依然停留在签订协议层面，企业深度参与不足。239所院校年支付企业兼职教师课酬低于1000元，其中143所院校无兼职教师课酬。因此，高职院校面临的是新产业、新专业、新教师、新学生的尴尬局面，这与培养具有综合职业能力和全面素质的高技术高技能人才的要求极不适应，难以保证高等职业教育的高质量和可持续发展。

2.4.4 实训基地建设落后于战略性新兴产业发展

在新兴产业兴起的同时，高职院校为主动服务新兴产业投入了大量资金购置相关实践实习设备，满足了学生实践实习和技能培训的需要，同时也为企业员工培训提供了条件。但是设备的专业性和针对性较强，在产业景气时使用率较高，当产业发展遭遇问题和困难时，企业对人才的需求量减少，学校招生规模减少，设备的利用率大幅度降低，闲置率提高。如何提高已购设备的利用率，开发校外实训基地，成为新兴产业成熟期高职院校面临的主要问题。当然，也有些院校设备购置投入较少，据统计，部分院校的生均教学科研仪器设备购置费用低于3000元。

2.4.5 产学研结合不够紧密

很多高职院校还处在单一的传统教学模式，对产学研结合的认识含糊，教学内容与新兴产业的需求结合不紧密，产学研结合的体制和机制不健全，未能形成一套行之有效的产学研结合的教育模式。部分高职院校对产学研结合还存在思想认识上的问题，认为高职院校服务战略性新兴产业只局限于为新兴产业提供人才和员工培训，缺乏为新兴产业提供应用技术服务的意识和能力。

第3章　高职教育服务战略性新兴产业的国外经验借鉴

3.1　德国经验

3.1.1　德国工业4.0及其对应用技术大学的要求

工业4.0最初是德国政府高科技战略中描述的未来远景，该战略基于信息和通信技术，如网络物理系统、物联网、物理互联网和服务互联网，以实现生产的灵活性、个性化、大规模为目的，通过实时监测和诊断提高生产率，降低生产中的材料损耗率。实现工业4.0的一项重要任务是使高等教育适应这一远景的要求，特别是工程教育。

数字化是21世纪的一个大趋势，有可能彻底改变各种生产技术。基于这一趋势，出现了"工业4.0"一词，即制造业的数字化。网络连接制造系统可以提高效率和优化运营，但也有可能改变制造商和工业公司的经营方式。工业4.0在工业信息技术领域发挥了先锋作用，它正在给制造业带来革命性的变革。许多工业化国家也已经开始调整工业基础设施，以满足工业4.0的要求。在这个不断变化的大环境中，我们的最终目标是培养优秀的工程师。他们将为未来的数字化世界做出贡献。

　　由三个支柱组成的路线图，描述了在课程开发、实验室概念和学生俱乐部活动方面将要进行的改进。第一支柱是工业4.0理念在各工科院校课程中的渗透，体现了不同专业领域的协同效益，有助于工业4.0理念在众多领域的应用和发展。另外，将建立一个实验室（乐高实验室），让学生利用头脑风暴进行工业乐高设计，并通过模拟实际生产线了解工业4.0概念的应用。此外，为了改善乐高实验室的学生学习体验，体验式学习理论被推广。该理论分为四个阶段设计：具体经验、反思性观察、抽象概念化、积极实验。最后一个补充性的支柱是建立学生俱乐部，学生们在这里从事工业4.0的不同方面的工作。这项工作的目标是提出一个通用的路线图，通过具体说明课程、实验室和学生俱乐部活动所需的改进，使工程教育适应工业4.0的要求。

　　工业4.0工程教育的通用框架如下图所示。该框架包括三个支柱，即课程、实验室和学生俱乐部。这些支柱相互关联，甚至相互依赖。

工业4.0相关课程

课程名称		
计算机科学与程序设计导论	信息安全	设计理论一：技术制图与CAD
面向对象程序设计	数据分析方法	人机交互
软件工程项目	推荐系统	生产技术
数据分析的统计方法	安全系统和协议	工业信息系统与数据分析
数据库系统	信息检索系统	自动化技术II
工业机器人	网络安全	语音信号处理
工业自动化技术	数据隐私和安全	图像支持的自动化I
机器学习	嵌入式系统	图像支持的自动化II
自组织映射	安全管理	机器人项目一

续表

课程名称		
算法和数据结构I	实时系统	机器人项目二
人工智能	材料技术	生产自动化项目一
电气工程原理	测量技术	生产自动化项目二
计算机逻辑	生产和物流信息系统	智能系统项目一
通信网络和分布式系统	运筹学II随机模型	智能系统项目二
操作系统	机电一体化项目	设计理论二：机械零件的构造
程序设计范式	工业机器人II	制造技术
知识表示与推理	信号和系统	工业IT与虚拟产品开发
密码学	系统辨识与智能控制	

工业4.0要求将课程内容纳入现有课程，并设计新的学习模块，以便将该远景应用到工程教育中，明确记录现有课程的模块规范，并确定工业4.0的交叉领域。最后，将课程与实验室的实践活动联系起来。为培养学生，准备了工业4.0课程的教材。该课程将理论和实践单元结合在一起，使学生获得工业4.0相关主题的基本知识，并体验真实的商业案例，以便为实验室学习阶段提供实践经验。首先，所有与制造业相关的工程项目的课程都将以这种方式进行调整，但计算机科学与工程、材料科学与工程等项目也应通过选修课程或与工业4.0相关的学习渠道进行改进。在上表中，我们列出了教授的课程，这些课程与工业4.0相关，也有可能为了适应工业4.0的要求而发生变化。该表包含了五个不同工程项目的数据，即计算机工程（CE）、机电系统工程（MSE）、工业工程（IE）、电气和电子工程（EET）以及机械工程（MEC）。

调查发现计算机科学与工程技术现在已经成为其他课程的一部分。工程师编程入门课程现在也是计算机科学的入门课程，计算机工程专业的学生也学习了这门课程。因此，工程系程序设计课程的教学大纲应该改变，不仅要引入低级程序设计语言，而且要引入人工智能和数据科学界比较常见的新程序设计语言，如Python和R。为了使来自不同工程学科的学生能够定义和处理同一个项目，要为所有工程专业的学生设计一个软件工程项目。作为一门跨学科的课程，本课程需要来自不同工程专业的讲师的合作，以便创建包含不同学科学生的项目团队。这样就有可能完成更加现实和有趣的项目。此外，一个更好的团队合作组织是有效的，现在有来自不同学科的团队成员。这是工程项目课程的关键变化之一，以使其适应工业4.0，因为与工业4.0相关的项目实际上总是需要以跨学科的方式实施。

其他比较常见的课程是数据分析统计方法和数据库系统。这两门课程会使学生形成工业4.0方面的关键能力。统计方法和数据分析课程为机器学习和人工智能等学科奠定了基础。在工业4.0制造环境中，生产资源和云系统之间会产生大量的数据流。来自生产过程的传感器数据需要以正确有效的方式进行分析和评估。由于同样的原因，课程数据库系统也变得越来越重要。要分析的数据的数量级要求使用最先进的数据库系统。课程大纲也适应了这一要求，包括大数据、无SQL数据库、Map Reduce和云端数据管理等主题。另外，计算机工程课程也通过三个专业方向得到加强：智能系统、IT安全和硬件系统（工业应用）。这三个专业领域的设计都是为了让学生做好迎接工业4.0挑战的准备。在智能系统的发展过程中，涉及机器学习、人工智能、数据分析方法、知识表示与推理、推荐系统等课程。在IT安全方面，我们有安全系统和协议、密码学、网络安全、数据隐私和安全、安全管理等课程。硬件系统方面的课程包括嵌入式系统、工业自动化技术、工业机器人和实时系统。

4.0系统将走向成熟，我们将看到越来越多的智能化、自主化的制造系统，将能够分析自己的状态和环境，并根据自己的分析进行自主处理。关于分析所需的数据流、机密性和业务价值，很明显其中一个跟踪应该是关于IT安全性的。该轨道的设计必须强调无线通信安全和云系统安全。与传统的计算机工程轨道不同，硬件系统轨道必须侧重于工业自动化和机器人方面。学生必须在毕业前获得工业应用方面的实践经验，以便了解并跟踪工业4.0应用程序实施中的问题和挑战。

实际装置由可视化软件工具或实验室模拟器构成。在"视觉生产实验室"，计算机辅助设计和制造（CAD/CAM）与企业资源计划（ERP）将被执行，材料和物流确定和3D打印工厂产生的将是最重要的支柱，适应工程教育四产业的发展。上述乐高设计概念也将用于优化工厂设计，因为它可以动态模拟不同生产实体的部件，并运用于静态三维打印工厂模型。乐高Mind Storms系统提供可编程砖机、模块化电机和传感器，以及各种乐高技术元素，可用于模拟真实生产线。触摸、光、距离、声音和伺服电机/旋转传感器以及可编程砖机等传感器提供了开发智能制造模型和概念所需的组件，这些模型和概念是工业4.0的核心。乐高工厂将建立不同产品的样品生产线，并设计替代生产计划。无人驾驶飞机将被用来研究现实生活的景观和捕捉重叠的图像，而在运动中，图像被转换为地理参考（即地理信息系统GIS）2D数据地图和3D模型。基于无人机的工厂检查有助于检验库存、工厂布局的效率、装配线的性能等。因此，所有的仿真数据都将与实际数据进行比较，所得的反馈将用于完善整个设计。为此，将在视觉生产实验室建立一个3D打印实验室。在这里，将重复创建数字化设计工厂的真实模型，并将获得的反馈用于弥补设计的缺陷。除此之外，还将进行非标准乐高零件的生产，从而实现针对不同需求的量产。此外，还可以对用于3D打印（以及3D笔）的材料特性进行研究。材料研究的主要目标是开发一种强度高、熔点低的高分子材料，从而实现快速制造，而不是快速成型。快速成型是指在最终发布或商业化之前，各个行业快速创建具有代表性的系统或部件的过程。附加制造（AM）是一个形式化的术语，过去被称为快速成型，现在被称为3D打印。在大规模定制中，关键概念之一是柔性生产能力，即在同一条线上生产个性化产品，其成本可接近大规模生产的成本。因此，3D打印技术的发展可能导致从快速原型到快速制造，并最终向理想的大规模定制的转变。因此，视觉生产实验室和乐高实验室的学生和研究人员的共同努力将为工程教育适应工业4.0做出重大贡献，因为理想的工程教育应该为科学研究和工业应用的结合。

3.1.2　应用技术大学科技成果转化助推先进装备制造业

德国已开发出一种灵活有效的方法，将最佳理念的应用从大学实验室转移到工厂。菲利克斯·米切尔和菲利浦·斯塔尔在慕尼黑技术大学（TUM）的实验室里挤在一个闪闪发光的新型三臂机器人前。这个机器人捡起一块块碳纤维，每一小块碳纤维的厚度不到0.1毫米，但含有2.4万根碳纤维丝。它迅速将它们组装成三角形。研究人员说，最棘手的任务是编写一个程序，在这种情况下可以将任何部件的三维计算机模型转换成自行车座，但也可以成为医疗假肢或汽车部件。

目前，Landshut的工程师们主要关注的是宝马I3，如果能如预期的那样顺利上市，那么它将成为世界上第一个大众市场，所有的电动汽车都是由轻量化部件制成。该车的乘客舱完全由碳复合材料制成，研究人员和米切尔、斯塔尔等学生正在慕尼黑实验室帮助开发碳复合材料。核心内容是一项新技术，它可以将汽车侧架等复杂部件的生产时间缩短至两分钟，使高科技复合材料首次能够应用于大规模生产。三台巨大的压力机，每台重320吨，将树脂注入预制碳纤维部件，使其具有刚性。宝马表示，与丰田或通用等竞争对手相比，它在这种复合材料应用方面处于领先地位。宝马项目经理安德烈亚斯·雷因哈特表示："我们在整合所有这些要素方面所掌握的知识，并不是我们的竞争对手可以轻易获得的。"

从大学和政府研究实验室到宝马等制造商的稳步创新是推动德国经济蓬勃发展的秘密之一。长期以来，德国制造业一直被视为低劣的金属弯曲行业，尽管德国工人的收入是中国同行的10倍，但德国工业的利润和就业率几乎没有下降，在金融危机中安然无恙。德国出口产业在全球市场上一直与中国和其他新兴国家抗衡。根据经济合作与发展组织的数据，2012年德国的失业率仅为5.6%，而美国为8.2%，工业就业率上升是原因之一。德国制造商之所以保持全球竞争力，是因为他们的产品，如宝马I3，具有科技和创新内涵。德国成功的一个主要因素是，它成功地利用了本土的科学研究和专业知识，提升了技术水平，产品和工艺并不容易被复制。纺织业就是一个很好的例子。和美国一样，德国很早以前就把大部分服装和面料制造委托给了中国、印度和土耳其等国。尽管如此，德国企业仍然在全球市场上占据着绝对的份额，它们生产的纺织、编辫和编织产品越来越复杂。与此同时，德国许多前纺织业制造商也走上了高科技道路，将重心转向汽车和航空领域的工业用纺织品。今天，德国纺织工业处于复合材料研究的前沿，与大学和政府技术中心合作开发精密机械，将碳纤维编织成与羊毛或棉花不同的股线。如果德国放弃这一产业，它将丧失生产下一代复合材料的基础，而这些新一代复合材料目前正由TUM和其他实验室开发。

这类研究走出实验室进入市场的关键是大学和工厂之间的紧密合作关系。

大多数德国制造商都有大量的预算经费，他们经常从别人那里购买专利。与许多可能资助教授研究或向大学部门捐款的美国公司不同，德国公司通常会向大学提出他们想要解决的非常具体的问题。例如，在TUM，复合材料部门由德国碳纤维制造商Sgl Carbon资助，该公司想知道哪些材料更适用于下一代制造工艺。宝马的工资单上有12名该系的博士生，他们的论文项目是I3预生产研究的一部分。像Kuka（机器人）和Manz（复合材料压力机）这样的设备制造商也深度参与了大学的研究。

几十所专门的技术和工程类大学，拓展了这种密集的网络。德国亚琛大学有20多所学院专注于最先进的生产技术研究，他们与机械制造商、机器人公司和软件开发商合作，使制造过程变得非常高效，以至于像德国这样的高工资国家可以与中国这样的国家竞争。亚琛大学目前正在为参与这项研究的公司建设一个投资25亿美元的工业园区。卡尔斯鲁厄理工学院专门从事纳米技术和材料科学研究，他们与巴斯夫等德国领先的化学公司合作，研发新的物质，使电池能够更高效地储存可再生能源。在德累斯顿技术大学，与芯片制造商和信息技术公司合作的研究人员正在开发集成电路，这种电路使用的能量是当前一代电子产品的1%。

德国政府也扮演着至关重要的角色。德国为基础科学的优秀实验室提供资金，如由80个研究所组成的马克斯普朗克网络，涵盖了粒子物理学和进化生物学等不同学科，不过德国最成功的研究机构是弗劳恩霍夫大学。它由60个技术中心组成的网络由政府和企业共同出资建成，因此是严格意义上的市场驱动。弗劳恩霍夫大学以25亿美元的年度预算获得不菲的专利收入，其中最引人注目的是他们在20世纪80年代发明的MP3数据格式。

弗劳恩霍夫的每个中心都与附近的大学紧密合作，利用传送带，将信息传送到与该中心联网的整个公司集群。每个工业部门都有中心，包括为化学公司的聚合物研究中心，传感器和激光器制造商的精密光学研发中心，以及生产下一代IT组件的纳米电子学研发中心。

亚琛大学的弗劳恩霍夫生产技术研究所，致力于开发成本效益高的制造技术，以保持德国的竞争力。关于复合材料研究，在慕尼黑附近的奥格斯堡有一个弗劳恩霍夫项目组，该项目组由冷战时期的火箭推进实验室发展而来。奥格斯堡中心与TUM等50多家公司（包括宝马、奥迪和空客业主EADS）合作，正在致力于开发下一代非石油合成纤维。

同时德国加速这些技术传播的措施之一是鼓励研究人员和工程师跳槽。例如，普通的弗劳恩霍夫科学家通常会在5年后转行到一家工业公司，许多优秀的公司工程师也做过教授或弗劳恩霍夫董事的工作。TUM碳复合材料研究所所长、教授克劳斯·德雷克斯勒在EADS的一段职业生涯是为空客开发复合材料。现在他负责在奥格斯堡建立新的弗劳恩霍夫复合材料中心。这种在传播专业知识和技术方面至关重要的跳槽在美国十分罕见，美国的研究人员通常一辈子待在一个地方。

这种紧张而复杂的合作是德国创新的典型。几十年来，大部分技术都是在大小公司之间发展起来的，这些公司现在非常习惯于合作。人们本能地知道哪些信息可以共享，哪些信息最好是私有的。"在合作和竞争的公司和机构之间的信任是独一无二的，在很多国家你都看不到这一点。"毕尔巴鄂世界经济论坛的经济学家、德国最新的《全球竞争力报告》的著者之一拜尼。这些公司及其供应商的集群大多在过去几十年中发展起来（在某些情况下甚至达到几个世纪，例如黑森林作为前钟表制造商现在是世界上领先的精密手术器械生产商），这使得它们不那么容易被复制。

德国人设法在新兴产业中建立起创新网络。其中最新的是莱比锡附近的生物经济集群，60多家公司和研究机构组成的网络正在研究利用生物量生产化学品和塑料的方法，以取代成本高昂、排放二氧化碳的石油，还用于目前从石油中提炼的其他产品。当弗劳恩霍夫建立新的技术中心时，会识别出其领域内很强大的公司和机构，而不是试图从零开始创造一些东西。弗劳恩霍夫协会主席布林格说："我们的理念是，把已经起作用的东西拿去浇水，让它生长。"例如，在建立新的碳复合材料集群时，弗劳恩霍夫确定了现有的公司和大学部门，并提供了资金、人员和设施，以鼓励合作研究。

布林格说："第二个经验是要致力于长远发展。"新的弗劳恩霍夫中心的资金得到了无限期的保障，并由他们自己决定预算数额，在最初的五年里，只要求他们从私营公司筹集双倍的种子资金，没有进行任何评估。这些公司都是长期投资的。德国许多最具创新性和科技驱动力的制造商都是家族企业，不用担心季报问题。而典型的德国科技公司中几乎找不到的家族企业，德国的工业激光技术领域已经领先了一代，现在年销售额近30亿美元。弗劳恩霍夫在金融危机最严重的阶段增加了3000名新的研究人员。布林格说："许多国家试图效仿我们，但他们的努力失败了，因为他们认为这是短期的。"

当然，德国体制也有其弱点。在完善现有技术方面，中国的精准扶持比德国的鼓励激进创新更能发挥作用。德国也曾有过"技术恐惧"时期，在这个时期，政客和抗议运动摧毁了有前途的高科技产业，比如20世纪80年代的生物技术产业。但德国推动工业创新的努力，打破了制造业是低技术产业的陈词滥调。那些研究生在慕尼黑的大学实验室里重塑制造业，是值得学习的模式。

3.2　澳大利亚的经验

3.2.1　高职教育促进产业创新与出口产品竞争力提升

一个国家的产品和工艺创新能力在国民经济中具有越来越重要的意义，因为出口的产品和服务在国民产出中所占的份额增加了，而通常这些出口产品和服务的知识含量和创新要求较高。

关于高职教育在工业发展模式和速度方面的关键作用，特别是在引进产品和工艺创新方面的能力，现在有大量的文献。关于这一主题的大量文献进行了综述：熟练的生产、贸易和技术人员对新技术的产生、设计、安装、适应和维护至关重要；从事生产职业的人员对技术创新的"初步想法"的贡献远远超过研发人员和技术人员，他们在创新项目的整个生命周期中参与进一步发展。澳大利亚也有大量证据表明，由于工作组织方法的改变和使用计算机控制的新的生产设备，对工厂操作员和贸易/技术人员的更高级别技能认证的需求日益增长。

各国接受职业教育的劳动力（生产、贸易和技术人员）在技能水平和资格方面存在很大差异。这些差异已被证明是造成制造业国际生产率差异高达100%的原因，也造成了企业在产品质量和创新能力方面的差异。在拥有较高职业教育水平的生产劳动力比例较大的国家，企业表现出以下特点：降低缺陷和返工率；较低的间接劳动比率，如主管、质检员和文员对直接劳动的支持；由于机械操作人员和该领域技术人员进行预防性维护，导致机械故障率大大降低，从而提高了工厂的产能利用率；有效操作计算机控制机械，实现了产品定制化和创新性。最根本的是，职业技能的提供不仅决定一个国家提供什么样的商品和服务，而且决定这些商品和服务的提供方式。企业的产品市场选择受到必要技能的限制。例如，技能的供应可以影响企业的产品战略：是生产主要在价格上竞争的标准化产品，还是采用更复杂的生产方法，在质量上竞争。生产高质量、专业化产品和服务的公司需要一支合格的员工队伍，能够在工作过程中快速调整，并不断进行产品创新。

有关机构就高职教育与创新密集型企业之间的成功互动进行了8个案例研究。这些公司来自先进制造业、电信业和生物医药业等战略性新兴产业。根据一些标准，如研究和发展率、培训和资本投资支出，这些公司被评估为创新密集型公司。这些公司对高职教育提供的服务给予了非常积极的评价。给出积极评价的原因之一是公司与高职院校之间进行了密切协商，特别是在根据特定公司的要求定制培训方面。这种定制培训的一个例子是高职院校为公司员工提供培训在时间和地点方面具有灵活性。然而，重要的是要认识到两个结构性因素，特别是创新密集型企业和行业，这两个因素是案例研究中明显的合作和培训满意度的基础。首先，创新密集型企业规模更大（以员工数量衡量），与非创新密集型企业相比，每名员工在培训方面的投资更多。其次，案例研究公司规模庞大，对培训的需求量很大，使得高职教育既可以定制课程，又可以为特定客户提升技能，在经济上是可行的。这些大公司还拥有与高职教育建立密切关系所必需的内部管理资源。相反，有关机构指出了在职业教育、培训和创新密集型企业之间的一些障碍。这一结果来自于对光子学行业"初创"公司的14个案例研究。高职教育部门满足该行业培训需求的障碍主要是该行业的规模小，内部缺乏对市场需求的了解。

在澳大利亚，公共职业教育系统在生产、贸易和技术职业的初步培训和持续技能提升方面发挥着中心作用。新知识是生产力增长的主要因素，职业技能质量的一个关键性影响因素是知识传播过程的效率。这一过程的效率对于保持职业教育机构设备和设备的流通性以及教师的理论和实践技能至关重要。许多研究表明，技术传播从知识生产者到中介机构（职业教育系统），最后到用户（公司）的作用，是建立"自我维持的高技能生态系统"的核心。这些信息能否在群体之间有效流动，在很大程度上取决于生产者、职业教育机构和这些信息的使用者之间正式和非正式交流的程度和强度。职业教育机构和公司获取新技术不是一个被动的过程，而是需要使特定技术适应特定的教学要求。文献中指出"企业、产业和经济体积极参与技术变革，这些企业、产业和经济体获得了其他地方开发的技术"。此外，知识的获取和传播是昂贵和费时的，职业教育机构和最终用户公司都必须进行相关的创新，并使新技术适应某些特殊情况。有关机构在针对芬兰和新加坡两个国家案例的研究中概述了什么是国家创新体系以及职业教育和培训在这一体系中发挥的作用。国家创新体系由公共和私营机构以及激励结构组成，这些激励结构促进知识的产生和传播。国家创新体系的理念特别适用于生物技术和软件开发等高科技部门。这些行业中职业教育部门成为教育和培训的主要供应商。战略性新兴产业，甚至是传统产业的迅速变化意味着职业教育部门必须越来越积极地掌握这些新技术，并评估其对提供培训的影响。澳大利亚职业教育对知识经济的主要影响是：为职业教育和培训提供"政府的研究和发展资金……将澳大利亚的职业教育部门与创新联系起来"；通过"使用国际基准"提高职业教育和培训标准，这些基准包括员工、学生与海外职业教育机构的联系；扩大远程学习的使用。某些学者主张承认职业教育机构在"支持及时有效地将新知识引入国家创新体系，以支持基于新技术的商品和服务引进"方面的重要性；确定了合作研究中心和职业教育机构之间的互利关系。合作研究中心与职业教育和培训机构联系，提供了"进入新的行业网络、获得专门知识和其他设施的培训，专业发展专门知识的途径"。职业教育部门提供的是：个人和专业发展机会，使个人尽早获得新知识，确保教学保持最新，还可以带来新的机会。对于更广泛的行业来说，知识生产者与职业教育和培训机构之间密切联系的好处在于：……在新的和现有的行业中更及时地发展技能，更好地将知识转移到培训系统中，以支持行业发展，减少技能缺口或短缺的可能性。最后，虽然合作研究中心创造了供工业使用的新技术、工艺、系统、设备、工具或产品，但这些创新对职业教育系统的影响是多种多样的，难以预测。有些新产品实际上并不需要任何新的技能来采用或维护。有些创新是技能或能力的"毁灭"，因为它们"简化了以前只能由专家执行的任务"。这可能意味着低技能工人需要提升技能来承担这些新任务，而专家则需要获得更高水平或更广泛的技能。一项新技术或产品可能适用于多个行业，因此可能需要不同行业的职业教育机构做出反应。当新产品的需求有限时，"并不总是需要教育和培训系统的正式响应"，因为培训可以由合作研究中心来满足。还有一些学者试图为职业教育机构提供指导，以"确定……新兴产业需要开发或修改培训的点"。他们提出了一个"机会分析模型"，为职业教育管理者提供了一种基于多种因素的战略方法。其中包括评估新兴产业的增长潜力和培训需求是否符合学院的战略方向。

3.2.2 高职教育促进知识传播

与普通高校相比，高职院校具有一定的特色，特别适合发挥技术开发者或创新中介的作用。其中包括：

（1）更加明确经济发展作用。一般来说，技术学院关注的是技术开发，因为他们希望教授理论和实践技能，这些技能将立即得到应用。

（2）更加注重满足学院所在地区工业和学生发展的特殊需求。这在一定程度上是因为学院"是技术专长的主要来源……也是地区'知识基础设施'的核心"。这尤其适用于他们与中小企业的关系。

（3）与公司投资活动的直接联系。新工厂的收购或新产品的引进总是需要培训。在大多数情况下，这种培训需要定制，通常由技术学院或设备供应商提供，更具灵活性和适应性。

（4）作为中介机构，使公司和服务相互联系，鼓励技术转让和信息交流。

相关学者将"技术学院与技术采用、推广有关的活动"进行分类（见下表）。人们对该系统继续履行这些职能的能力表示关切。

表3.1　高职教育活动分类

教育： 通往工作场所的大门	严谨，与高等教育相结合；综合计划；与工业界合作；以企业集群为目标；教育弱势青年；有效招聘
提升技能和培训： 适应技术	定制和合同教育；形成培训网络；进行远程教学；软技术/技能教学；教育管理者；培训流离失所的工人
技术中介机构： 加速开发	技术中心/教学工厂；技术援助；工业部门枢纽；新企业孵化器
建立战略联盟： 学习型公司和学习型社区	与工业结盟；与其他学院联合；与发展机构合作；促进企业内部学习

相关学者指出了高职院校履行这些技术传播角色的一些障碍。障碍包括：

（1）高职院校升格为"理工学院……提供研究生学位"。职业技术学院为区域经济提供的基本服务可能在这种变化中丧失。没有一位教师提出要大幅提高高职院校的平均培训水平，或者高职院校应该直接与普通高校竞争。

（2）许多国家的学生人数减少，学生质量下降。这"归因于父母鼓励孩子进入学习轨道……制造业就业被认为是蓝领阶层，在年轻人中的地位较低，即使工资更高"。由于教师、设备的经费与学生人数有关，调查对象强调学生人数下降是一个问题。

（3）教师对变革的抵制，"因为他们需要付出相当大的努力来重组内容，学习如何使用不熟悉的技术，或重新思考教学过程"。行业协会对高职院校教师能力培训的抵制持批评态度。

有关学者提出了一些建议，以增强应对和促进以技术为基础的经济发展的能力。

（1）鼓励与其他组织结盟。联盟促进资源和信息的共享，从而产生有效的实践。

（2）在学院所在地区培养商业领导力和企业间的人际网络。早餐会、管理教育计划和针对共同利益群体的技术会议都是建立为学院服务的知识和需求的一部分，还可以帮助学院更好地确定当地的需求。任何提升本地区技术和创新能力的援助，都会直接或间接地对学院服务产生需求。

（3）促进上课时间和地点的灵活安排。允许并奖励教师咨询，促进行业回归计划。通过大学教师开发新技术或新产品，支持他们与当地公司合作。鼓励学院关注地区企业的需求。如果大学要成为地区性的"卓越中心"，这种专业化是必要的。允许高职教育资金的灵活性，以鼓励创新，满足区域经济发展需求，并设计更好的教育和培训方法。

（4）将职业教育机构纳入区域经济发展和规划工作，加强与该区域的联系，特别是中小企业，它们特别依赖职业教育和培训。

澳大利亚职业教育制度的一个非常重要的特点是学徒和培训制度。从1805年起，澳大利亚就开始实行学徒制，这是从英国几百年来实行的契约学徒制发展而来的。澳大利亚的学徒制包括20岁以下的人，签订四年的培训合同，通常每周一天在TAFE学院（职业技术教育学院）或其他职业培训提供者的非工作培训中进行每周四天的在职培训。学徒制仅限于制造业、建筑业、建筑业、印刷业和美发领域等。学徒的工资比同一领域完全合格和熟练工人的工资低。1985年，澳大利亚为年轻人引入了一种新的结构化培训形式。其目的是将针对年轻人的结构化培训扩展到新的领域，这些领域不包括传统的农业、园艺、制造、运输和仓储等。最近，先进制造、信息等战略性新兴产业变得越来越重要。像学徒一样，一个星期进行一次培训，有时一天有时两天。实习生的工资比在同一地区工作的、受过充分训练的工人的工资低。到1999年6月，与雇主签订的培训合同的学徒和受训人员人数达到25.6万。从1985年到20世纪90年代初，四年学徒制快速发展。从20世纪90年代早期到中期，学徒制成员人数迅速下降，自1993年以来，培训人数稳定在12.3万至12.5万之间。在过去的约十年间，消除了参与学徒制和培训的任何年龄障碍。澳大利亚学徒和培训制度发展的另一个重要特点是，学徒和受训人员从事的职业类型发生了变化，特别是在过去十年。金属贸易、制造业、建筑和电气领域的重要性有所下降。实习培训模式的转变在很大程度上是随着整个澳大利亚劳动力市场职业结构的变化而变化的。澳大利亚于1998年1月1日建立了新的学徒制度。新的学徒制涵盖了所有以往的学徒制和实习安排，取消了学徒制和实习制之间的区别。现在可以根据雇主和受训者的要求提供灵活的而不是固定数量的在职和非在职培训。新学徒制的特点之一为"用户选择"，雇主可以选择职业教育和培训机构。这是为了使订立培训合同的个人客户及其雇主有更多的权利选择自己的培训提供者。根据这些安排，公共资金流向雇主和受训人员选择的注册培训提供者。根据"用户选择"，雇主和受训人员也可以选择如何提供培训。他们可以选择完全在职培训，也可以选择在职培训和非在职培训的混合。新学徒制是澳大利亚职业教育和培训制度的重要组成部分，1999年约有6%的年轻人接受了学徒制或培训制，但这种培训模式的重要性不应被夸大。例如，近年来，接受学徒制或培训制的澳大利亚人只占接受公共资金资助的职业教育和培训的人数的20%左右。

3.2.3　高职教育促进创新与创造能力培养

澳大利亚国家教育和就业常务委员会已开始调查如何最好地促进和协调对研究、商业化和技能的投资，以促进有助于国家创新和科学研究的战略性新兴产业发展。为了确定澳大利亚保持竞争力所需的文化、资本、人才和技能，需要克服的障碍，调查着眼于两个关键问题：澳大利亚教育机构提供满足新兴产业需求的资格和技能的能力；高等教育创业计划与私营孵化器之间的关系，以及可能阻碍中小企业、研究部门和培训提供者之间建立更密切伙伴关系的因素。人们认识到高等教育和学校教育在澳大利亚创新能力建设中的重要作用，并为这些领域的举措提供资金。

每年有数十万澳大利亚人进入工作岗位或改变工作和行业，需要培训机构帮助他们获得第一份工作、升职或为职业转变做准备。此外，从中短期来看，澳大利亚的人口特别是学龄儿童数量的激增，将增加对教育和培训服务的需求。澳大利亚不断变化的人口结构和就业模式要求高等教育部门，特别是培训部门，必须跟上不断变化的技能需求。澳大利亚高职教育部门面临的挑战是继续满足关键行业工人的需求，同时确保其获得新兴产业就业所需的技能。正如国家教育和就业常务委员会所指出的那样，澳大利亚的国际竞争力要求发展战略性新兴行业，例如医疗、生物技术、软件开发、清洁能源、金融和旅游业等。

在经合组织关于劳动力技能和创新的报告中，托纳指出，创新并不是科学技术的唯一领域，事实上"这些研究中采用的一个关键性概念是'渐进式'创新的概念，或是商品、服务和组织结构的逐步改进的概念。随着时间推移，这些逐步改善的积累在资本主义社会的生产力增长中占了很大一部分"。他在评论中还指出，特定创新与技能需求之间没有"简单"的联系，技能和知识既是创新的输入，也是创新的输出。托纳专门研究职业教育在创新中的作用，发现技能的质量对生产力、质量和创新有着"深远的影响"。这些公司在研究和开发技术、市场和管理职能方面经常寻求学位和资格，这些可以从高等院校获得。然而，职业教育和培训部门也可以提供这些公司所识别的技能、知识和经验的很大一部分。

新兴产业公司需要许多与其他技术型公司相同的一般课程。他们还需要在人力资源管理、计算机操作、计算机编程、项目管理、报告写作、市场营销、团队建设等方面进行更专门的培训。在可行的情况下，新课程的开发可以发挥重要的作用，帮助创新公司获得高度专业化的技能，参与风险投资和全球市场的竞争。

供应商培训（由设备和材料供应商提供的培训）被认为是企业员工接受培训的最佳途径之一。职业教育培训提供者和供应商可以通过共同合作提供培训。

最后，在与创新公司合作时，公司的培训需求会转向制造业和贸易。在发展的早期阶段，这些公司通常由一小部分工人组成，他们在特定领域知识渊博，拥有高水平的技术专长。然而，他们可能缺乏有关知识产权保护、专利法、筹集和管理资金的相关知识。在这一发展周期结束后，企业的重点往往会转向制造、包装和销售产品所需的过程，这需要生产管理方面的知识和技能。

3.3　新加坡经验

3.3.1　重新调整高职教育机构的使命和挑战

高等职业技术学院的转型是新加坡的一个成功案例。它成立于1992年，是第一个获得新加坡质量奖和哈佛IBM变革政府创新奖的教育机构。经过15年（1992年至2007年）的发展，高等职业技术学院已从传统的"职业学院"体制向现代的"区域学院"体制转型。新加坡教育部长称之为教育系统中的"璀璨明珠"，高职教育机构成功地为学业不太好的离校生开拓了一条教育道路。否则这些学生会过早离开正规教育系统。其关键的突破是，能够扭转公众对信息技术的看法和印象。"动手、用心、用心"的职业技术教育理念，得到广泛认可。

高职教育机构是政府资助的专业教育机构，专注于职业技术教育。它不是大学或理工学院，而是以职业技术教育为重点，任务是"为离校学生和成人学习者创造机会，使他们获得就业能力和终身学习的价值观"。作为国家教育体系的一个组成部分，其目标是为主要经济部门培训技术人员。高职教育机构目前在新加坡的高等教育机构中处于重要地位。大学、理工学院和信息技术学院的培养任务有明确的界限。高职教育机构的任务是为那些没有学术倾向的人提供一条有吸引力的途径。作为一项政策，所有学生在学校接受至少10年的普通教育，包括6年小学教育和4/5年中学教育。根据他们的学术成就、能力和兴趣，大约90%的学生将升入大专及以上院校。基础学院为排名靠前的25%的学生提供高中教育。接下来的40%的离校生将进入理工学院接受三年制教育。为满足成绩较低的25%学生的学习需求，高职教育机构提供全日制课程。根据国家高职教育认证体系，有两个基本的认证等级。根据学生在能力和兴趣方面的情况，他们可以报考工程、商业与服务、电子与信息通信技术、应用与健康科学、酒店、设计与媒体等学校。作为一个完整的国家教育体系，从职业技术学院到理工学院，从理工学院到大学的发展都有特点的发展路径，以满足不同的需求。

高职教育机构系统的主要特点包括：

（1）有明确的使命：以明确的使命、远景和价值观为中心，培养内在的承诺精神和团队精神，始终考虑如何更好地为学生和利益相关者服务，增加价值，满足他们的需求和期望。作为一个建立在优秀组织和最佳实践基础上的教育机构，它打造了一种普遍的关怀文化。

（2）解决个别学生群体的需求：信息技术学院系统地改造了以前的小型职业学院，并将其重组为三个现代化的信息技术学院。为了满足学生群体的需求，信息技术学院为新加坡教育系统的健全性创造了其他途径。

（2）创建了一个独特的教育理念：动手，用心。它以其质量、相关性和价值观而闻名，培养出就业能力强、适应能力强的毕业生，准备迎接现代全球经济的挑战。

（3）现代校园基础设施完善：校园是现代化的，配备了大量的工作坊，有大量体育和艺术设施。为学生的全面发展提供了一个体验式学习环境。这种现代化的校园环境已经成为改变公众的心态和看法的一个重要因素。

（4）具有严格的课程开发过程：学生技能和能力的评定直接与工商界主要部门协商完成。为了确保相关性和技术技能的坚实基础，通常将课程时间分配给实际操作环节。

（5）采用一种以过程为导向的教学模式：称为计划、探索、实践和执行模式，其目的是培养思维实干家，即能够在实践中应用所学知识的毕业生。重点是在体验式学习环境中获得三项关键能力，即技术能力、方法能力和社会能力。

（6）与工业界密切合作：在共同需求和利益的基础上，这种合作关系不断加强。利用行业技术领导者的专业知识和技能，与私营行业建立联系，构建基于行业的培训计划、课程开发委员会、学院咨询委员会和联合技术中心。

3.3.2　与战略性新兴行业企业成为合作伙伴

新加坡的职业教育模式是建立在对离校学生进行职前全日制培训的基础上的。这是一个与经济发展需要紧密结合的制度。作为教育系统的一个组成部分，政府继续对信息技术的发展承担直接责任，并投入大量资金。然而，单靠这一制度无法确保该行业所需技能的充分发展。为此，必须利用私营公司的经验、技能和技术，特别是在工业化初期。一些跨国公司需要更专业的技能，而这些技能在正规的职业教育机构中无法获得或获得成本太高。为了填补这些技能的缺口，经济发展局在20世纪60年代末设立了政府培训中心，作为国家总投资计划的一部分，面向数家大型跨国公司（塔塔、罗莱·沃克和菲利普斯）出台了激励措施。这一战略确保了专业培训中心的可用性。20世纪70年代，在日本、德国和法国的帮助下，建立了政府—政府联合技术研究所。随着新加坡经济的发展，这些联合技术研究所和培训中心最终被整合为理工学院和国际技术培训中心。这一经验表明，经济发展处于早期阶段，国家需要利用外国政府援助和私营部门工业伙伴补充提高培训能力。

多年来建立的这种密切伙伴关系在参与程度和质量方面不断加强。课程审查和设计过程要求工商界主要部门积极参与。作为潜在雇主的行业在确定所需的技能、标准和价值观方面有很大贡献。此外，根据技能的性质和水平，行业的参与将确保相关性、质量和成本效益。在这方面，制订各种基于行业的培训计划（即经批准的培训中心和经认证的在职培训中心），以促进行业培训。另一种形式的伙伴关系是联合建立汇集各种技术的英才中心，以促进技术、专门知识和培训资源的交流。英才中心不是大学或理工学院，但在职业技术教育方面的成就和创新已获得国际承认。英才中心针对那些不太喜欢学习的人创造了独特的学院教育品牌。其向卓越组织转型是为了改变职训局在新加坡的形象。那么，成功的因素有哪些呢？在高职教育机构中，追求其使命、远景和目标的目标是始终如一的。使用五年战略计划有助于为执行其许多倡议和方案提供明确的重点和平台。建设了致力于职业技术教育事业的专业合格的领导班子和职工队伍。他们对实现使命和目标的承诺和热情体现在"高职教育机构关爱"文化中，尤其是工作人员对学生的关心。在这种文化中，他们坚持不懈地追求卓越的组织和积极主动的方法，寻求更好的服务方式、增值方式，满足学生和利益相关者的需求。他们愿意向其他教育系统学习并采用最佳做法。

尽管大多数工人（特别是高技能型工人）由于具备从事其工作所必需的资格、技能和知识而获得了战略性新兴行业的工作，但他们也需要接受进一步的培训。有些公司需要高度专业化的技能、知识和经验。由于这些要求中有许多是如此专业或非同寻常，几乎不可能找到能够满足这些要求的人。在这种情况下，他们招聘的员工需要拥有最接近的相关资格、属性和一般技能和知识，然后为他们提供针对公司特定产品和流程的定制培训。最接近的相关学科通常是工程和信息技术。当然，除了这些企业中高度专业化的工作岗位外，还有一些较为常规的管理和支持岗位，不需要非凡的技能知识和经验。一旦一家公司最终确定了产品的设计，就会进入生产阶段，需要雇佣必要的生产工人和相关的支持人员。一些公司选择将生产外包，而避免应对活动规模或范围突然变化所带来的复杂性。

由于其业务的创新性质，很明显，这些公司中的绝大多数都要求员工具备极其专业的技能和知识（例如，光纤和激光光学、电容储能、人工耳蜗、风扇技术、钛锻造和语音识别计算机程序）。在许多情况下，传统供应商无法提供所需的培训，因此这些公司自己进行了培训。尽管其中一些公司希望进行必要的培训，但他们认识到，由于市场规模太小，培训供应商不可能以传统方式开发和提供培训。有一些公司（例如一家专门从事飞机研发和制造的公司）已经与培训供应商合作，开发针对公司或行业的培训。在某些情况下，培训已经提供，但由于只在澳大利亚或其他国家的一个或几个地点提供，因此无法获得。向公司提供开发材料和培训资源，可以帮助公司保持和增强竞争优势。

第4章 我国高职院校服务供给和战略性新兴产业发展需求的精准对接研究

4.1 我国高职院校服务供给与新一代信息技术产业发展需求精准对接研究

20世纪90年代，信息技术产业发展日益壮大，使得全球产业结构发生翻天覆地的变化。在各个国家中，信息技术的需求日益增长，进一步推动世界经济发展，成为判断综合国力的重要标准之一。世界发达国家都以信息技术产业为首要产业，移动互联网、云计算、大数据、人工智能等新兴产业依赖大好形势迅速崛起，一场全球性的技术革命正席卷全球。科学技术是第一生产力。

新一代信息技术产业是中国战略性新兴产业重点推进的七大产业之一。《"十三五"国家战略性新兴产业发展规划》明确指出，推动物联网、云计算和人工智能等技术向各行业全面融合渗透，构建万物互联、融合创新、智能协同、安全可控的新一代信息技术产业体系。2020 年，我国战略性新兴产业创收占 GDP 比重达到 15%，新一代信息技术产业在"十三五"时期将保持高速创新的发展态势。

4.1.1　新一代信息技术产业的发展概况

新一代信息技术，不只是指电子信息领域一些分支技术的纵向升级，如集成电路、半导体显示、计算机、无线通信等信息技术，也包含信息技术整体平台和产业的代际变迁。近10年来，以人工智能、大数据、云计算、物联网、移动互联网等为代表的信息技术蓬勃发展。2010年10月出台的《国务院关于加快培育和发展战略性新兴产业的决定》〔国发（2010）32号〕对新一代信息技术产业的范畴做了最早界定："加快建设宽带、泛在、融合、安全的信息网络基础设施，推动新一代移动通信、下一代互联网核心设备和智能终端的研发及产业化，加快推进三网融合，促进物联网、云计算的研发和示范应用。着力发展集成电路、新型显示、高端软件、高端服务器等核心基础产业。提升软件服务、网络增值服务等信息服务能力，加快重要基础设施智能化改造。大力发展数字虚拟等技术，促进文化创意产业发展。"2016年3月国务院发布的《中华人民共和国国民经济和社会发展第十三个五年规划纲要》（以下简称《"十三五"规划纲要》）对新一代信息技术产业有了新的界定，其中将人工智能、5G和可穿戴设备等确定为新增长点。

1.新一代信息技术产业发展势头强劲，地区集聚趋势明显

2017年我国信息产业规模保持平稳快速增长，全年销售收入达到19.3万亿元，同比增长13.7%，规模以上电子信息制造业同比增长13.8%，电子信息制造业加速转型升级，软件和信息技术服务业继续呈现稳中向好运行态势，收入和效益同步加快增长，2017年完成收入5.5万亿元，同比增长12.2%。其中手机、集成电路、液晶显示板等重点产品出口创收增速大幅提升，电子信息制造业整体收入保持双位数增长。与此同时，我国庞大的内需带动电子信息制造业规模不断扩张。2017年，我国手机出货量约占全球总出货量的27.2%，个人计算机和平板电脑出货量约占全球19.5%，通信设备市场规模约占全球总规模的14%，产业集聚效应明显，地区特色突出。中国新一代信息技术产业地方优势得到充分发挥，区域间产业发展呈现互补互强的态势。北京科研资源和企业集聚，基本形成信息产业高端价值链发展格局，主打高端软件和信息技术服务业；长三角地区，已经在集成电路、新型平板、量子通信、云计算、电子商务、新型显示等多个领域形成特色产业集聚区；珠三角地区则聚集了工业机器人、无人机、新型平板显示、卫星通信、智能医疗等新兴产业；中部地区的武汉重点打造光通信、新一代存储等产业；陕西开展集成电路工艺线建设；贵州重点突破云计算和大数据领域；东北地区在机器人和软件等领域取得重大进展。这些都促进了中国新一代信息技术产业集聚发展。

2. 新一代信息技术自主创新能力较强，驱动中国产业结构升级

中国新一代信息技术产业正处于从跟踪、模仿发达国家，到以创新驱动为引领，实现并跑甚至是领跑的转型时期。从硬件技术提升、应用平台搭建到中国信息技术企业的自主创新能力大大增强，逐步摆脱了引进和模仿国外先进技术的状态，在某些领域实现赶超并取得了国际领先地位。华为联合德国电信推出全球首个5G商用网络；中芯国际14纳米 Fin FET技术研发已进入客户导入阶段；京东方6代柔性OLED（Organic Light-Emitting Diode，即有机发光二极管）面板正式量产，建成了中国首条、全球第二条6代柔性OLED面板生产线，打破了韩国企业在柔性OLED面板市场的垄断格局。在全国科技创新大会上，超级计算、量子通信等尖端领域创新成果纷纷呈现。华为公司主推的Polar Code方案击败了美国和法国的竞争对手，成为5G控制信道eMBB（Enhanced Mobile Broadband，即增强移动宽带）场景编码方案。此外，我国在SoC芯片（systemon-a-chip）、VR、智能家居、3D打印等领域也取得了突破性进展。

新一代信息技术具有创新活跃、渗透性强、带动作用大等特点。在产品制造方面，我国智能制造技术、产业、应用等已取得了一些成果。新技术的发展极大带动了智能及智能互联产品、智能装备、智能制造系统及运营中心等诸多产业出现了革新，推动制造业发展步入新阶段。在智能网联汽车行业，不少国内汽车企业提出了自己的智能汽车发展路线图。在智能装备方面，随着工业机器人技术和工艺的日趋成熟，成本的快速下降，以及人工智能技术的快速发展，人机共融将成为工业机器人下一个要攀登的高峰，也是实现产业升级的新增长点。同时，工业互联网平台发展热度极高，速度极快，涌现出中国航天科工集团有限公司的INDICS平台、树根互联的根云平台、海尔的COSMOPlat平台、和利时的Hiacloud平台、用友UAP平台和华为的Ocean Connect物联网平台等一批智能制造平台。在服务消费领域，平台经济、分享经济、体验经济发展迅速。2016年我国共享经济市场交易额高达3.5万亿元，有6亿人参与。互联网公司向线下扩张，寻求新的流量和入口，如阿里巴巴在零售领域积极寻求线上线下融合的新模式，并与苏宁、华联集团等线下零售公司合作尝试各种新零售模式。

4.1.2　新一代信息技术产业的人才需求分析

在信息技术产业集群的时代，市场上相关人才的需求量大增。根据调查，高等院校为信息技术产业提供人才，既能解决毕业生就业，又能解决市场上相关人才短缺的问题。"十二五"期间，高职院校电子信息类毕业生共计167.84万人，占毕业生总人数的10.43%。在技术革命愈演愈烈的大环境下，信息技术产业市场规模逐渐壮大，信息技术产业高技能人才也面临巨大挑战。新一代信息产业的优点体现在互联网的平台化、传播化、人工智能化、数据集中化，国家应该致力于培养信息技术人才，相关专业主要有感测技术、通信技术、计算机技术等。因此，人才培养应作为首要任务。

4.1.3 新一代信息技术产业对高技能人才的需求

1.信息技术分析能力

大数据成为推动信息技术产业持续发展的新能源。在信息技术与经济市场的碰撞下，数据大量生成，经过大数据化，能够快速处理和分析当前环境的发展优势与弊端。领先世界的全球管理咨询公司曾通过大数据分析预测，2018年美国人才需求量高达19万人，其中管理型人才、大数据分析型人才的需求高达150万。因此，大数据分析型人才已经处于市场需求的顶端。

物联网通过传感器节点形成综合信息感知网络，不仅可以实时监测到各类产品的动向，还能够获得数据，预测新的动向和趋势。云计算是利用网络进行数据共享，无论是个人使用还是团队合作都能够确保快速、精准与方便。在新兴信息技术产业的驱动下，对信息技术人才的要求也不断提高，敏感度和分析能力都是首要前提，成为人才栽培的重要发展方向。

2.信息技术创新能力

信息技术产业作为新兴产业的核心，主要包括三网融合、下一代移动通信技术、新一代通信网络、新型平板显示，这些突破传统的创新技术，无论是在涉及范围上还是在市场需求上都更加宽广。这也意味着，新一代信息技术产业将步入新时代。

（1）通信技术经过历史的沿革逐步更新换代，从最早的电磁通信到如今的数字网络化通信。移动通信技术经历了第一代（1G）到第四代（4G），正在向第五代（5G）发展。数字网络化通信技术，为通信速度和数据收集带来了质的飞跃。20世纪90年代，随着互联网技术的发展，从拨号上网逐渐向光纤上网拓展，到现在的使用无线网络。信息技术的创新也意味着科技的创新，全球技术的更新换代，将来也能影响到更多的领域。如今无人驾驶技术和产品已在试验阶段，相信很快就会在全球普及，信息技术一次又一次为我们的生活带来便利和惊喜，未来的新型科技产品将不可估量。

（2）物联网技术掀起革命大浪。物联网是将物品动态信息通过互联网智能识别与分析，以达到信息透明、数据共享。物联网的兴起代表技术革命的成功，科技的进步，产业的创新。物联网将数据获取焦点从生产链转移到客户体验上，结合客户实际体验来处理分析信息，因此，客户体验是科技创新的发展方向。技术是全球产业的催化剂，高能力人才是信息产业的必要条件，这样才能保证新一代信息技术产业在大的经济环境下长远持续发展。所以，创新是信息技术人才的首要条件，也是市场人才的考查标准。

3.信息技术实际应用能力

如今，新一代信息技术完美的进入产业领域，融合旧的传统思想，将带领旧的信息技术产业融入新潮流。信息技术推动全球产业的形态变革，拓宽信息技术产业的发展道路，以信息技术为桥梁，高度结合各种技术产业，深度挖掘创新共性产业。共性产业的发展，使原有的传统产业更加紧密联合，进一步加强了全球产业的公开化。物联网产业的涉及范围较广，小到制造，大到创造。产业想要发展得更快、更好，就必须利用好信息技术。总而言之，发展信息技术产业应具备高能力信息技术人才。

4.1.4　高职院校关于信息技术高技能人才的培养现状

高职院校提供技能型人才是解决市场人才短缺问题的途径之一。我国高职院校课程模式都分为三个阶段：课程实训—学期实训—企业实习。在新一代信息技术持续发展的环境下，为避免传统信息技术专业的教育方式会出现问题，相关专业的教育不能局限在现有的教育模式上。我国在电子信息领域与其他国家存在一定差异，人才缺口也较大。例如，网络空间安全专业不仅体现了技术与产品的优势，还体现了高素质高品德人才的优势。但是我国信息技术安全领域的人才结构不合理、规模不足，无法满足日益严峻的安全形势和产业发展的需求。

1.新一代信息技术方面的专业知识不足，高技能人才缺乏信息分析能力

信息技术分析能力的提升需要专业知识的积累，而我国高职院校相关专业的开设还是在一个概括性层面。例如，我国云计算产业不断发展，人才需求量逐年递增。根据调查，2015年教育部在《普通高等学校高等职业教育（专科）专业目录》中新增了云计算技术及应用专业。在课程设置方面，高职院校新一代信息技术类专业的课程设置以计算机专业的基础课为主。例如，计算机组成原理、程序设计、网络操作系统等，数学和统计学方面的课程较少，导致人才专业知识学习不足，无法进入较深的层次，不能建立起一个独立、完善、系统的分析体系。人才信息技术方面的专业知识薄弱，未能建立系统的知识体系，难以对整体信息进行分析、处理。

2.新一代信息技术创新氛围不浓厚，高技能人才信息创新能力薄弱

美国社会学家曼纽尔·卡斯特（Manuel Castells）指出，越是依赖于信息技术型的产业，其劳动力的发展就越依赖于与创新性环境的持续联系。高职院校和各大企业对创新的认识程度存在差异，因此高职院校不够重视创新思维和创新精神的培养。信息技术的创新难度大，导致高技能型人才会对创新的价值存在着普遍性的认知缺失。职业技能大赛是一种全新的教学方式，对科技创新有一定的帮助，是提升科技创新发展的新形式。而新一代信息技术方面的项目在比赛中比较少见，其中物联网技术应用及云安全技术应用项目的比重不超过10%。这也从另一方面突显出高职院校在新一代信息技术产业方面投入不足，不利于高技术型人才的创新精神和创新思维的培育。

3.高职院校与新一代信息技术企业的合作深度不够，高技能人才的实践能力不足

为了培养学生实践能力，各高校和企业合作，将人才送往企业进行实践实训，而信息技术专业的学生最需要的就是实践，因此校企合作是一大关键。但是人才的实践实训跟不上信息技术的更新速度，双方合作深度不够。2016年，一项校企合作报告中显示，企业没有给各高校学生分配重要工作岗位，一般安排高校学生做一些简单易上手的工作，如电子信息设备的基本操作、安装与调试，电子产品的简单设计、改造，这些工作实践深度不够，使学生无法获得实践经验。各种迹象表明，大部分学生无法通过校企合作提供的工作来获得实践经验。高等院校应该设立一批新一代信息技术方面的专业，如大数据技术与运用、物联网信息技术等。我国大多数高职院校尚未建立实践基地，也缺乏与之深度合作的相关企业，因此，学生缺乏实践经验，严重影响着高技能人才实践能力的培养。因此应加强校企合作，加强实践活动建设，进一步解决高技能人才的实践能力不足问题。

4.1.5 高职院校与新一代信息技术产业精准对接路径

1.制定新一代信息技术产业人才发展战略，加强高技能人才培养的顶层设计

现如今，信息化背景下的竞争成了国际竞争的新优势，而世界各个主要国家也陆续改变了人才战略。美国作为世界强国之一，国内的信息技术等各类新技术都长期处于较高水平，并且处于不断地发展壮大的过程中。美国还就新时代的信息技术制定了较为全面的战略规划，并获得了国内IT巨头和政府的大力支持。2016 年 5 月美国发布《联邦大数据研究与开发战略计划》，明确提出加强全国性的大数据人才教育和培训，满足大数据领域对劳动力不断增长的需求。俄罗斯在《2014—2020年信息技术产业发展战略和2025 年前景展望》中提出将加强信息技术相关方面的高知识、高技术人才的培养。而新一代信息技术的研发在日本也备受重视，在《机器人新战略》中明确提出加强人才培育，培养机器人系统集成、软件开发等方面的信息技术人才。在中国，对于新一代信息技术的研发和对于新一代信息技术人才的培养，应该先学习世界各国的先进经验，借鉴其对于人才培养的先进模式，再结合中国目前的信息技术产业发展状况来制订适用于中国社会的新一代信息技术人员的培养方案，实现对传统的人才培养模式的革新。

2.完善专业与课程设置，培养高技能人才信息技术分析能力

培养新一代的信息技术人才，要从改变他们的知识结构开始，增设信息技术方面的专业课程是改变知识贫乏的重要保证和有效途径，并且这一举措可以让人才跟紧新一代信息技术的发展步伐。首先，专业的设置要能跟得上世界信息技术产业前进的步伐，信息化的发展是迅猛的，而为了适应信息技术的不断更新，各大院校在设立有关信息技术方面的专业时，应当对专业进行实时的动态调整，要对新一代信息技术的发展前景进行预判，然后设置相关专业。新一代信息技术分为六个方面，分别是下一代通信网络、物联网、三网融合、新型平板展示、高性能集成电路和以云计算为代表的高端软件。进行专业设立时，完全可以以这六个方面为基础，充分体现专业设置的前瞻性、灵活性和科学性。然后，不能一味地灌输抽象化的理论知识，而应该结合多个学科，例如数理化、工程等逻辑性强的学科，先让学生打下牢固的基础，再将产业信息和科研成果融入教学工作中来，将新一代信息技术的知识、理念以及成果展现在学生的面前，这样势必能取到事半功倍的效果，一举提高学生的信息分析能力。

3.积极营造创新氛围，增强高技能人才信息技术创新能力

创新型人才培养是应对我国新一代信息技术发展的挑战以及建设新型国家的重要战略举措，而培养高素质的创新型人才是高校不可推卸的责任，各高职院校必须更新观念、深化改革，认真思考新一代信息技术创新人才的培养问题。

（1）注意创新意识的培养。学校要积极倡导与推动学生自主创新，推崇以创新为荣的观念和意识，教师要给学生自由发展的空间，建立有效的激励机制，激发学生的创新欲望和动机，增强学生的创新意识。

（2）注重创新思维的培养。创新思维能保证学生能顺利地解决问题，并将知识进行广泛运用。它是创新能力的核心。

（3）注重创新能力的培养。创新能力的培养处于十分重要的地位，要加强创新训练，使学生在储备丰富的知识、掌握必要的技能、养成多向可变的思维习惯的基础上，还要学会基本的创新方法。

4.深化校企合作，提升高技能人才信息技术实践能力

新一代信息技术人才的培养当然不能只是学习抽象的理论知识，而是要有相应的实践能力，所以，学校和企业深度合作，是提升信息技术人才实践应用能力的重要一环。为了培养出新一代信息技术人才，应该主动寻求相关企业进行合作，这样不仅能加强学生的实践应用能力，还能让学生了解到信息技术产业的人才需求和新一代信息技术方面的实时动态。对于学生而言，一味地学习理论知识显得枯燥乏味，无法承担具体的信息技术方面的工作。高职院校应当探索项目教学、任务驱动等多样化教学模式，突出教学的实践性和应用性，让学生了解新一代信息技术企业生产、设计、研发的真实工作流程，将抽象而枯燥的信息技术理论知识转化为生动而有趣的真实工作体验，从而增强他们的实践能力。

5.推进科研管理机制改革

政府相关部门应加强科技创新体系建设，加快确立以信息技术企业为主体，以市场为导向，产学研相结合的信息技术服务体系和创新体系。依托信息技术骨干企业，围绕集成电路、深度学习、5G等拓宽发展道路。科研成果的转化既是自身生存和发展的需要，也要满足社会进步和发展的需求。争取与更多的相关企业合作，努力实现新一代信息技术创新，且逐步发展壮大为创新联盟。改善一系列激励政策，从科研立项、论文发表、专利获批等各个方面给予科研奖励，注重团队协作。加大创新成果转化力度，推动科研成果运用到地区和企业实际生产过程中，实现科研成果的转化和推广，使科技在经济社会发展中发挥支撑作用。

4.2　我国高职院校服务供给与高端装备制造产业发展需求精准对接研究

4.2.1　高端装备制造业发展现状

高端装备制造业主要包括高档数控机床装备、增材制造装备、农业装备、食品装备、纺织机械、医疗机械等。

1.中国高档机床技术创新能力和国际竞争力逐步提高

2017年以来，随着国家04专项成果的示范应用与持续推广，在中国高档数控机床装备产业的一些重要领域，技术水平、产业集中度、管理水平、国际竞争力都获得了长足进步。在以新型战机和探月工程为代表的国家重点专项工程中，五轴加工中心等高端机床参与了关键部件的制造。国产高档数控系统与关键功能部件已实现批量配套。行业骨干数控机床生产企业已经掌握了高档数控系统、伺服电机及驱动等核心技术，在高速电主轴、精密数控摇篮、双摆动力铣头方面也进行了技术攻关，实现了产业化发展。

2.中国机床产业格局正在重塑

中国机床行业作为充分竞争性行业，拥有完整的技术链与产业链，但受到国际领先的机床企业和国内市场开放的双重冲击，原有行业骨干机床工具企业开始分化整合，产业格局开始重塑。国内机床企业以沈阳、大连、昆机等地龙头机床企业为代表，长期被利润率困扰，业绩不佳，影响了对技术创新的持续投入。民营机床企业已成为机床行业的主力军，华中数控、广数、光洋、精雕与上海拓璞等数控系统开始装备国产高档数控机床，其产品已进入军工和民用市场。另外，行业以外的制造业巨头，如格力集团也参与了国内高档数控机床的研发和生产。2017年，格力集团包括数控机床在内的智能装备产品收入2126亿元，在企业总营收中占1.43%，同比增速高达1220.27%。然而，中国高档数控机床目前仍不能满足国内需求，国内大多数高档数控机床依赖进口。2017年中国金属加工机床进口额达589.69亿元，同比增长19%。2017年中国高档数控机床的增长率在6%左右，与需求差距甚大。

3. "共享经济"模式推动高端机床产业模式发生改变

2017年以米，"共享经济"模式带动了一大批新产业。"共享生产端"也随之而产生，这是一种以沈阳机床为代表的部分企业推出的一种新型模式，借助共享云平台或智能机床互联网，实现生产、资源、人才、技术、服务等多项内容的共享。2018至2023年，中国的数控机床行业以令人咋舌的速度飞速发展，在这五年期间，数控机床行业的增长速度保持在10%～12%，并且到了2023年甚至可能突破5000亿元，这都得益于中国数控机床技术的发展和市场的日渐复苏。借此行业发展机会，"共享机床"模式有可能颠覆性地改变传统的资源配置方式，所以其被认为是中国高档数控机床产业快速发展的突破口。

4. 中国增材制造装备产业快速发展

受《增材制造产业发展行动计划（2017—2020年）》持续推进的影响，中国增材制造装备产业发展迅速，增材制造相关的工艺技术呈垂直升高趋势，特别是在一些重要的生产环节，其核心技术得到了进一步的提高。在航天航空能源、船舶等领域的应用日益拓展，产业生态体系初步形成，涌现出一批具有一定竞争力的骨干企业，形成了若干产业集聚区。无论是桌面3D打印还是金属3D打印，数量和品质都得到了全面提升，并在航空航天、医疗、教育等行业逐渐实现产业化应用。据统计，2016年中国3D打印产业规模80亿元，2017年中国3D打印行业规模至少增长50%，达到120亿元。

中国已建立了较为完善的有关增材制造产业服务支撑体系，国家增材制造创新中心、全国增材制造标准化技术委员会、国家增材制造产品质量监督检验中心、全国增材制造（3D打印）产业技术创新战略联盟、中国增材制造产业联盟等组织相继成立。而中国增材制造装备产业之所以能取得快速的发展，也是得益于创新战略联盟的推动。

5.我国农业装备产业及产业链关联企业总数达到数万家

2017年，年产值超过2000万元的农机企业有2400多家，从业人数超过40万人，业务收入高达4290多亿元，收益达223亿元，相较于2016年，分别增长了6.8%和8.5%。营收、利润增速下降，进入中低速增长阶段，正通过提升水平、拓展领域等推动转型升级，谋求高质量发展。总体上，随着现代农业的发展，产业增速可保持在6%~9%。我国现研制生产4000多种农机产品，以田间作业装备、中小型装备居多。近年来，我国主要农机产品年产量500万台左右，产品结构不断优化提升，大拖拉机与小型拖拉机比例从2010年的1∶6、2014年的1∶3，提高到2017的1∶2；自走联合收割机与收获机械比例从2010年的1∶5、2014年的1∶4，到2017年的1∶3。但总体上中低端产品仍占80%左右，拖拉机动力换挡技术、农机定位导航技术等推动农机产品向高端发展。

4.2.2　高端装备制造产业发展的需求分析

世界各个大国的高端装备制造产业都发生了相应的变革。2013年，德国制造业进入智能化时代，因为德国提出了"工业4.0"这一概念，这是一项高科技的战略计划。而后，美国、英国、韩国相继提出了"先进制造业国家战略计划""因果制造2050""制造业革新3.0"等，这一系列的改变都预示着世界将步入一个新的时代。中国政府实施的第一个战略是一个十年行动计划，即国务院在 2015年5月 8日发布"中国制造2025"，这一战略的主要目标是在2025年的时候，中国要进入世界制造业强国的行列，基本政策为"创新驱动，质量第一，绿色发展，结构优化，人才导向"。

1.高端装备制造产业发展对人才的需求

"中国制造2025"要求健全人才培养的方式方法，以现有与装备制造技术发展联系紧密的行业骨干专业、国家重点建设专业为基础，针对节能环保技术与装备、新能源与大型能源装备等重点领域的技术发展情况和人才培养的新需求，通过紧密的校企合作，深入调研，进行相应专业的内涵提升和创新建设。现如今，智能化逐渐代替了人工操作，除了最基本的技术外，高端装备在很多方面都具有智能化的特征，劳动者也从低水平的操作者变成了高水平的脑力劳动者。设备的智能化更是极大化地提高了工作的效率和准确度，这便是将平常的生产作业和信息技术结合的成果。多种多样的消费者需求被满足，这也促进了智能化的普及。

现如今，一些新兴岗位不断兴起，如数字化建模、精益专员、逆向造型、3D 打印、精密测量与检验等岗位，传统工艺也走向了数字化改造道路，员工需要熟练掌握设备操作、工具使用和工艺编制的同时，还应掌握常用的办公软件、CAD/CAM/CAPP等工具类软件。因此，具有相关专业技术基础、信息技术处理意识及一定管理才能的复合型人才更能适应市场的需求。现在的生产主流是小批量、个性化的生产，设计和制造的边界越来越模糊，这要求更多的人才拥有跨学科的能力，了解更加丰富全面的产品知识，这样才能站稳脚跟，体现出生产流程的动态性。

随着智能化的普及，机器人应运而生，而机器代人的现象也越来越普遍，可以说大多数生产流程都能见到机器人的身影。传统人工岗位的消失，机器人的逐渐增多，也就意味着能熟练操控机器人的人才变得越来越受欢迎。

智能化的机器人已经代替了工厂中只能做基础工作的工人，成为新一代的劳动力，而分析、解决问题却需要由掌握了信息技术的高知识人群来攻克，这一类人往往就是产品的设计者与生产者，或更具水平的高端智能产品的修复者。

即使我国的制造业正在向高层次转变，但对于传统发展型人才仍然具有较大的需求，他们仍然是我国的制造业在今后相当长的一段时间内需要的人才类型。

制造业人才的专业能力主要具有以下几个特性：①综合性，即专业知识基础、专业技术能力、专业素质能力、专业应用能力四个方面有机结合，相互协调，相互作用。②实践性。实践是检验真理的唯一标准。学生所学的专业知识与技术经过整合后应用于实践，两相结合来分析和解决问题。③发展性。时代是不断发展的，为了顺应这种发展，院校和学生都应具有前瞻性，不断地充实自己，提高自己。

2.高端装备制造产业发展对人才数量的需求

我国高端装备制造类产业技术技能型人才匮乏。制造业发达国家从业人员中创新型人才的比重占20%，远高于我国的10%。以机器人产业发展为例，我国机器人产业中，领军人才、技术研发人才、操作及维修人才等的缺口已经开始显现。一是我国缺乏机器人技术领域复合型的研发人才。研发人才是机器人产业发展的领头羊和中坚力量，是企业自主创新的核心和根本，我国现在最需要的是能研发高端的复合型机器人、创新型机器人的研发人才。二是缺少机器人维护人员。工业机器人作为智能化设备，若操作及维护不当，将严重影响企业生产，甚至造成恶性生产事故，目前我国急需加快人才培养步骤，以填补大批企业进行"机器换人"所带来的技术人员缺口。近几年来，大量的制造类企业逐渐形成了自动化。100万台的生产制造业机器人装配量将在2020年便完成，大约需要20万相关从业人员。

3.高端装备制造产业发展对技术的需求

技术创新能力薄弱始终是制约我国制造业国际竞争力的最大短板。从产业层面上看，我国多数企业技术创新动力和能力不足，这导致制造业长期处于全球价值链中低端，生产工艺落后，缺乏核心技术的研发投入，关键零部件严重依赖进口，出口产品附加值低，缺少自主品牌。我国智能制造装备产业关键功能部件对外依存度达到40%，其中高端产品对外依存度更是达到70%。企业若要研发这些高端产品，在前期的投入过多，可产品的研发周期却很长，导致在后期研发核心部件时，无力再进行更大的投入，导致自身的发展长久落后于国外先进水平。关键功能部件技术水平的高低、性能的优劣，直接决定和影响着高端制造装备整机的技术水平和性能，也制约着产业的发展速度。

4.2.3 高职制造类专业人才培养存在的问题

1.应对"中国制造2025"，高职制造类专业建设与发展准备不足

"中国制造2025"提出了建设制造业强国的"三步走"战略，赋予了我国职业教育新的使命。职业教育只有主动作为，积极回应制造业转型诉求，培养多层次、多类型的高素质制造业人才，才能为我国制造业强国的建设提供强有力的人力资本支撑。国内职业教育人才培养结构性失调，培养模式与制造业发展实践脱节，培养体系缺乏开放性等，与"中国制造2025"发展战略存在不适应的地方。因此，职业教育要不断变革人才培养策略，优化人才培养结构，构建对接产业发展的人才培养模式，从而承担起建设制造业强国的新使命。

"中国制造2025"急需大量的专业性人才，各高职类的院校还没有就"中国制造2025"开设专业课程，虽然已在新的方向和领域有所探讨，并没有深入。因此，需要各院校的制造类专业能面向"中国制造 2025"确定专业发展规划、专业标准、课程标准。

师资力量也是人才培养方面重要的一环。工业的4.0时代让制造类的专业教师迎来了新的挑战，高职院校会有一定的培训课程，从考核、锻炼、引进等多个方面来建设教师队伍，但这种培训只能让教师们适应工业2.0、3.0时代，面对工业4.0，教师需要有更加强大的知识储备和更加完善的新智能化技能认知。工业4.0对于实训基地也有着高要求，毕竟实践与理论相结合才能更好地培养出综合性人才，如果继续沿用工业2.0或者3.0的设备就有点相形见绌了，在提高师资力量和实训设备的同时，与学校合作的企业也得与时俱进，不能让双方在智能化的生产流程上产生认知差异。

2.面向"中国制造 2025"，高职校院制造类专业毕业生能力尚需提升

（1）专业能力单一。未来制造业的发展将对从业者的学历提出更高的要求，而各种数据表明，职业教育存在着较为严重的学历结构性失调问题，其无法满足制造业转型发展的需求。目前职业院校存在片面追求"大而全"的专业设置倾向，盲目开设专业，导致专业设置存在结构性问题。

（2）人才培养模式与制造业发展实际脱节。人才培养目标定位模糊，忽略了学生创新能力的培养，缺乏与新兴制造产业发展相关的课程设计，存在忽略学生服务意识塑造、缺乏与新兴产业衔接等问题。

（3）职业学校人才培养体系与社会职业培训体系相对封闭。相对封闭的职业学校人才培养体系的职业导向功能不强，对制造业人才需要反应迟钝，学生远离了生产一线，职业教育人才供给与制造业发展人才需求之间缺乏良性互动。相对封闭的社会职业培训体系虽然与制造业生产实践联系密切，但培训的目的性、功利性过强。

3.服务"中国制造2025"，高职院校制造类专业教学改革有待深化

（1）企业的教育功能缺失。在一些发达国家，校企合作能极大地促进学生实践水平的提升，如德国的"双元制"、英国的现代学徒制、澳大利亚的TAFFE学院等，这些国家的企业，完美地承担了学生另一半的教学任务，校企双方通力合作，自然能较为轻松地获得专业人才，实现共赢的局面。而我国校企合作的制度发展得还不够完善，国家也没有出台相关的政策规定，校企合作成功的案例只占少数，更多的企业认为自身没有培养人才的义务。

（2）工学结合不够紧密。工学结合是培养技术技能型人才的有效的教学模式，在工作中学习，学习任务便是工作内容，能更快地培养与提升技术技能型人才的工作能力。目前工学结合的教学模式仍然不够普及。

（3）创新思维的训练欠缺。"中国制造2025"需要高职院校人才培养更加注重的是创新思维，但目前职业院校在进行专业技能训练的同时，却不是很重视创新思维方面的训练，导致学生缺乏创新思维和创新能力。

4.2.4 高职院校精准对接高端装备制造业发展的路径

高等职业教育存在双重属性，即职业教育属性以及高等教育属性。对于制造类专业而言，在对其进行设置的时候需要满足社会职业岗位分工的具体需求。"互联网+装备制造"带来了生产模式优化以及变革，这就是生产过程中的一个重大的变革。高职院校应该重视人才培养和生产技术发展的结合，面对制造业的转型升级，着重培养学生全面的、深层次的技术技能，为国家提供更多综合性技术人才。

1.对接高端装备制造产业，制订人才培养方案

（1）开展人才需求预测，动态调整专业设置。

2015年7月29日，教育部《关于深化职业教育教学改革全面提高人才培养质量的若干意见》提出了完善专业结构和布局的必要性，引导职业院校科学设置专业，适应"互联网+"行动、"中国制造2025"等要求，学会如何适应新兴技术发展各地区高职院校一应联合起来，各院校的制造类专业、科研类专业、装备类专业组成同盟，建立一个信息平台，发布实时动态，整合相关需求。专业是高等职业教育适应产业融合、创新自身发展方式的基础与载体，高职院校应进一步健全的需求为导向的专业动态调整机制。政府相关部门要定期发布区域产业人才供需信息，为高职院校及时调整专业结构提供参考，避免专业重复建设。对于人才培养不适应产业需求、就业率较低的专业，应减少招生人数或停办专业；把就业率、人才培养质量、专业对产业升级发展的贡献作为专业调整的依据。同时，高职院校要善于总结自身优势，打造特色专业（专业群），对接地方战略性新兴产业，做好充分调研和资源配置，建设一批适应战略性新兴产业发展的专业（群）。

（2）适当拓宽专业口径，提高学生岗位（群）的适应力。

第一，就高职专业的分类而言，其是依据服务对象的要求开展的，这就造成高职专业过于细分，为复合型人才培养带来了困难。高职制造类专业的设置以及发展一定要满足制造业转型升级的人才需求，一定要跟"中国制造2025"的发展主题相吻合，优化机电一体化等专业，对课程体系进行更加合理的调整，从而有利于工业机器人及自动化生产装备技术人才的培养。

第二，要对制造类专业群进行优化，提高专业核心技术的培养力度。

第三，要对传统专业进行改造，对制造类专业人才需求进行合理的预测，持续地对人才培养目标进行调整，促进基于"中国制造2025"的人才培养模式的更好发展。

（3）构建完善的课程体系，持续地服务学生。

现如今，虽然高职制造类专业提升了针对性，可是却忽略了专业发展的可持续性，会导致其很难接受生产方式所来的变革。专业能力课、专业基础课和文化素养课三者共同构成了其课程体系。根据复合型人才培养的需求，再结合相关专业的特质，从而设立了专业基础的课程。根据专业链的多接口性和专业需求设立了专业能力的课程，提升了学生的相关专业技术能力，拓展了学生的相关专业知识面。

（4）细化岗位职业标准，构建培养方案。

构建以企业专家为主体的产教融合理事会，在企业的主导下，对高端装备制造业职业标准进行优化和补充，构建以学校为中心的专业建设指导委员会，按照职业标准，结合学生全面发展的需要，打造更加科学的课程体系以及人才培养方案，使得职业标准能够很好地对接人才培养方案。

（5）将案例纳入教学，及时更新教学内容。

教学过程中要对企业工艺流程展开全面剖析，精选出具有代表性的工艺流程，指出其中的专业技能和专业知识，使其作为案例纳入课程体系，从而使得课程所涵盖的专业知识、专业技能与案例相互联系，达到课程内容与新工艺新技术发展同步的目的。

2. 重视实训实习基地建设，为学生提供现代化教学条件及环境

在"中国制造2025"的大环境下，制造类产业得到了升级和优化，生产模式也得到了改变，对员工的业务水平和职业素养产生更高的要求。高职院校制造类专业建设与发展离不开实训实习基地的支持，不过现在校内实训基地设备大多数都是3.0或者2.0设备，4.0设备较为缺乏。"中国制造2025"发展战略对校内实训基地的建设提出了新的要求：第一是要打造工业4.0实训（验）室。第二是要提高校内实训基地的实训设备的数字化水平，增加设备利用率，如此推动实训中心的数字化以及网络化发展。第三是要加快工业机器人实训条件的提高速度。跟具备较高知名度的企业一起致力于自动化实训室的建设，建设的关键点在于集成与应用，促进设备的自动化升级。第四是要通过校企合作模式、PPP模式来打造生产性实训基地或具备教学以及生产功能的专业化实训基地。第五是要借助创新创业载体的建设，优化实训实习条件。

3. 实施师资培养工程，打造高水平教师队伍

高职教育教学的实施者以及设计者是师资，这也是影响高职教育教学质量的关键因素。"中国制造 2025"以及工业 4.0 的推进，对高职院校教师特别是制造类专业教师都带来了不同于以往的挑战，如何增强高职院校师资力量成为十分重要的问题。就高职院校制造类专业教师而言，一定要最大限度地推动专业技能的进一步发展，落实新工艺新技术教师顶岗实践活动，优化考核和管理机制，实施校企共管、分层考核模式。构建以"理论型"队伍为基础，"双师型"队伍为主体，"技能型"队伍为辅助，协调发展的教师队伍。并且，要主动地对教师分类管理工作进行研究和摸索，将目前教师岗位划分成四类，包括教学科研并重型、以教学为主型、社会服务与技术推广型、学生思想教育型等，并且采取分类考核、评价以及培养的方式。

4.构建科学评价体系，发挥教学质量评价的导向功能

教学评价是收集整理客观的评价数据从而进行分析反馈，以达到提升教育质量的目的。在人才培养过程中，实现教育和反教育的双向标准，以教育为基础，对教育过程进行实时监管控制，发现问题及时调整，也是首要任务。因此，构建评价体系是人才培养的重要举措。一是建设独立完整教评机制。建立完整的教学评价机制，可以大量收集学生、企业家、技术人员的评价数据，进行整理和分析，反馈至各级教师、各相关部门。教师和相关部门负责人对数据进行诊断，进行进一步改善。二是促进教育教学责任制的落实。进行教育教学目标管理，将专业带头人、专业课教师、公共（工具）教师课、班主任的职责都一一落实；构建教课分离的课程和考核制度，优化考核体系，实行教考分离；促进专业技术技能"岗位实践、企业考核"模式的推行，围绕轮岗实训以及企业顶岗实习等内容，重点对学生专业技术技能进行培训，并且开展合理的现场考核和综合评价。

5.构建多元化产学研育人平台

为搭建多元化产学研育人平台，需以"产业共性需求+学校立地研发"为理念，共同建设先进的工程实验中心、先进的材料检测实验室等一系列产学研育人平台。

一是提高自动化系统与智能化设备的研发。比如利用信息技术来提升工业机器臂和高精密数控车床的深度感知能力和智能决策能力。二是提高信息化末端设备的研发。AI和VR等先进技术能极快地提升信息化水平。

6. 筑就"大国工匠"成长之路

搭建导师实验室，为学生营造良好的学习氛围，培养学生的匠人精神。

一是落实辅导员+班级导师制。每个班级配备一个辅导员，除此之外，再

配备一个导师，挑选有经验的企业专家以及教授来担任导师，为学生提供安全法律法规以及职业生涯规划的辅导，让学生能够顺利地完成作业以及教学内容，帮助学生形成坚定的报国理想、找寻合理的人生目标，促进学生身心的健康发展。

二是搭建专业大师实验室。开展大师进校园活动，组建"技能大师工作室"，开展专业教育，编写实训教材，"大师讲故事，故事进教材"，让大师参与实践教学体系，起到榜样作用。

三是举行学生专业技能比拼活动。通过比赛来挑选出专业知识过硬、动手能力极强的高素质复合型人才，并进行广泛宣传，让他们起到模范带头作用。

4.3　我国高职院校服务供给与文化创意产业发展需求精准对接研究

2014年3月，国务院正式发布了《关于推进文化创意和设计服务与相关产业融合发展的若干意见》，将从"中国制造"到"中国创造"的转变提升为国家战略。2016年3月，《国民经济和社会发展第十三个五年规划纲要》中提出：在"十三五"期间，"公共文化服务体系基本建成，文化产业成为国民经济支柱性产业"。近年来，我国逐步发力文化创意产业，2016年的政府工作报告中，数字创意产业被首次提及。2016年12月19日，国务院正式公布《"十三五"国家战略性新兴产业发展规划》，数字创意产业首次被纳入国家战略性新兴产业发展规划，成为与新一代信息技术、生物、高端制造、绿色低碳产业并列的五大支柱之一。

文化创意产业是一个以科学技术与文化艺术为输入内容，以经济价值和文化影响为输出内容的综合系统。在数字创意产业的发展中，通过创新应用大数据技术、VR技术、AR技术、传感器技术、网络技术、人机交互技术、人工智能技术，促进文化艺术创新和商业模式创新，提升软硬件实力。在我国，文化创意产业主要涉及数字文化装备、设计、影视与传媒、动漫与游戏、技术装备等，同时还渗透扩散到其他领域。

4.3.1 文化创意产业发展状况

文化创意产业能将传统经济的发展方式进行彻底推翻，还能让相关地区的竞争力增强，并使其产业的发展方式得以优化。目前，中国文创产业发展态势良好，得到国家政策的支持。2018年中国手机游戏用户规模达到5.65亿人，音乐客户端用户规模达到5.43亿人，动漫用户规模达到2.76亿人，知识付费用户规模达2.92亿人。2018年，中国电影票房收入突破600亿元，占全球票房收入总量的约19%。2018年中国短视频用户达5.01亿人。2017年，我国文化及相关产业创收34722亿元，占GDP比重4.2%，继续向国民经济支柱性产业迈进。文化产业总体融资规模不断扩大。2017年全国5.5万家规模以上文化及相关企业实现营业收入91950亿元，比上年增长10.8%，增速提高3.3个百分点，持续保持较快增长。旅游、文化、艺术、新闻出版、电影等产业全面发展。广阔的市场空间也吸引越来越多的巨头企业和创新企业加入，中国文娱产业结构日趋完善。

目前，中国文化创意产业以新形态结合旧模式，以新技术包容旧工业，以新科技拓展传统模式，以长远发展为首要目标，推动产业更新换代。国务院在

《推进文化创意和设计服务与相关产业融合发展的若干意见》中指出，促进文化创意产业集群优化发展对推进社会经济发展方式转变并形成创新驱动模式具有重要意义。2020年，中国制定的发展目标将全面实现。目前，北京、上海、广东、云南、湖南等省市的文化产业创收在GDP中的占比都已超过5%。文化产业的发展离不开地区的支持，浙江省、江苏省对文化产业的投入力度颇大，使文化产业成为当地的新标杆。

4.3.2　文化创意产业发展的需求分析

1.文化创意产业发展对人才规格的需求

文化产业从业人员中，创意、设计、策划类人员占主体，其次是经营管理类人员、营销类人员和服务类人员。目前，我国文化产业人才队伍中从事传统的文化产品生产经营的人数较多，而从事新兴的文化产业的人数偏少，跨学科、跨领域、跨行业的复合型、应用型人才更少；从事文化产业下游生产或服务的人数较多，而从事文化产业上游创新的人才、富有经验的经营管理人才、掌握高新技术的专业技术人才严重不足。

2.文化创意产业发展对人才数量的需求

《中国文化产业蓝皮书》应用了大量的数据对现阶段中国文化产业的发展情况进行了分析，其中仅文化产品的生产和制作的创收就占到了整个世界市场的19%，文化产业取得了显著的发展。但是中国在创意经济方面还存在着很大的发展空间。文化产品生产方面的从业人员偏多，而致力于创新方面的从业人员则相对偏少，所以当前最为重要的就是培养创意人才，从而推动中国文化创意产业的发展。据统计，目前我国尚有超5500万文化创意产业人才缺口，以深圳为例，尽管深圳拥有相对宽容创新环境，依旧存在着约五万的人才缺口，其中的高端人才占比高达60%左右。新媒体、动漫、游戏、数字等新兴文化产业的人才数量远远不能满足行业发展需要。工艺美术领域的人才青黄不接，困境尤为突出。

3. 文化创意产业发展对技术的需求

现阶段的文化创意产业发展出现了较多的问题，首先是研发能力不足，其次是创新支撑体系不够完善，复合型技术人才极度缺乏。

我国虽然拥有一批经过历史积淀的优质IP形象，如"孙悟空""熊猫""花木兰"等，然而现实情况却是，这些中国形象都是通过他国文化创新产业宣传的，如迪士尼等。

对相关企业进行调查发现，大多数企业都没有属于自己的原创设计，只有极少数企业已经申请到了核心专利。中国企业的制造能力在世界上数一数二，但正是这个原因导致了他们轻视研发设计。中国企业缺乏完整的数据库，相应的设计服务体系也亟待完善，信息不流畅，资源共享程度低，相关的法律法规制度也不完善，全社会尊重设计创新的环境还没有形成。

4.4 我国高职院校服务供给与绿色低碳产业发展需求精准对接研究

绿色低碳产业涵盖能源新技术、节能环保、新能源汽车三大产业，促进绿色低碳产业发展，意义重大。现阶段的环境地球已经遭受了很大的破坏，较为明显的问题有气候变化，以及资源短缺等，出现这样的情况主要是因为现阶段能源资源利用体系已经无法适应社会的发展，缺乏可持续性，很多国家对这一问题都采取了一定的措施。"十三五"期间，国家强调了绿色低碳的重要性，并重视在这一方面的技术创新，在社会中宣传绿色低碳理念。新能源汽车就是其中的一项较为突出的成果，它具有高效节能的特点。新能源汽车在过去几年中的总销量达到500万辆以上，平均年产销超过200万辆。新能源汽车的制造和生产，带动了相关企业的发展。中国当前的核电发展情况在整个世界都处于前列，并且形成了一定的产业链，国家为支持该行业的发展也颁布了相关政策，同时大力投资于基础设施建设，形成了具有一定规模的电网运行管理体系。中国在环境保护以及节能产业方面的发展取得了显著成效，联合资源循环利用产业目前的产值已经达到了8万亿元。

4.4.1 我国绿色低碳产业发展现状

1.能源新技术产业

中国现阶段的能源消费结构呈现出逐渐优化的趋势。2017年我国经济的稳定发展使得能源消费稳中有升，保障了能源生产的总体平稳。同时，因为新能源产业发展迅速，我国的能源生产有望更早地实现转型。据2017年的相关数据显示，能源生产总体呈现出上升趋势，仅一次能源生产总量就相当于35.9亿吨的标煤产量，与上一年度相比有着3.6%的增长幅度。截至2017年底，我国可再生能源发电装机达到6.5亿千瓦，同比增长14%；风力发电产业稳居全球第一；太阳能光伏发电装机高速增长，太阳能光伏发电装机同比增长68.7%，增速远超其他可再生能源。

2.节能环保产业

根据中国节能协会发布的数据可知，中国的节能服务产业近几年来发展迅速，截至2017年实现了4148亿元的高产值，并且在上一年的基础上实现了

16.3%的增长幅度。中国现阶段从事节能服务行业的企业越来越多，已经有了6137家，共计有68.5万名工作者。节能服务产业的发展，直接促进了节能技术的发展。

3.新能源汽车产业

随着新一代新能源、新材料技术与汽车产业的加快融合，我国汽业业态发生了深刻变革，传统汽车产业逐步转向绿色低碳的新能源汽车产业发展，大批非汽车制造企业加入新能源汽车行业，竞争格局也在全面重塑，为新能源汽车产业发展带来了新思路、新创意。我国新能源汽车产业已经形成完整的体系，在基础设施建设、商业模式创新等方面均成效显著，呈现明显的综合性优势。从2014年起，我国新能源汽车产业呈现爆发式增长态势，产量和增速远超汽车产业，占比稳步上升。2017年，新能源汽车在整个中国市场中实现了79.4万辆的高销量，同比分别增长54%。目前，中国在世界上算是新能源汽车产量最高、保有量最多的国家。

4.4.2　绿色低碳产业发展存在的问题

我国绿色低碳产业规模化发展水平偏低，在新能源汽车关键技术的研究开发等方面，扶持力度偏低，可持续性差，创新能力弱。

1.核心技术对外依赖程度高

目前，我国在特高压输电、智能电网等设备的集成创新方面取得了一系列重大成果，但在基础材料、核心工艺方面还存在着受制于人的情况，对外依赖度高，原始创新能力不足，需加强基础性研究，突破技术瓶颈。例如，高温燃料电池是国际新一代发电技术的制高点，由于发达国家一直以来都实行严格的技术封锁，我国在2000年启动了若干高温燃料电池的科技攻关项目，相继突破了燃料电池材料、单电池到电池堆组装等核心技术。燃气轮机被发达国家视为战略性产业和高端制造业发展的重点。我国燃气轮机产业的发展开始于20世纪50年代末60年代初，也经历了初期的自主研发及20世纪70年代的小高潮，但20世纪80年代后进入休眠期，近十几年燃气轮机发电技术才得到进一步发展，但国内企业目前仍未完全掌握燃气轮机产品的设计和制造技术。

2.绿色低碳产业自主创新能力不足

科技激励政策发挥的效果有限，人才制度改革滞后，科技成果转化能力差，企业间缺乏合作和战略规划。科技激励政策落地难，自主创新动力不足。我国现行科研管理体制链条太长，中间环节多。科技创新效率和效能低。产学研协同创新的链条不通畅，科技成果转化率低，科技进步对于经济社会发展的直接拉动作用不强。

3.人才培养机制不健全

现行考核指标过于重视专利、软件著作权、文章的数量，轻视质量和对产业发展的影响。人才流动不畅，活力不足，存在长期以来形成的资历、学历、职称、身份、编制等壁垒，成为人才合理流动的羁绊，导致人才活力不能充分释放。科研人员激励机制需进一步健全、完善。经费来源不稳定，影响研究深度。基础研究缺乏整体谋篇布局，重点不突出。重点领域基础研究的投入力度不够，且支持方向经常变动。对基础研究的引导与激励力度还需进一步增强。

4.科技成果转化机制有待完善

科技创新成果与需求脱节，应用不充分，科研与产业之间未能建立有效的纽带关系，成果转化不顺畅问题突出，科研成果封闭循环比较严重。科技成果转化与推广机制尚不健全，科研人员缺乏推动成果转化的意识和动力，成果转化渠道少且方式不够灵活。同类企业合作不足，竞争和抢占资源问题严重，企业技术管理缺少全局规划。

5.专业人才相对匮乏

绿色低碳产业人才缺口较大，人才需求旺盛。根据该产业当前的发展形势来看，其拥有很好的发展前景，因此市场中对于人才的需求在未来一段时间内肯定也是不断上升的。但是以当前的市场基本情况进行分析能够发现，市场中有着突出的结构性矛盾，高低端人才分别出现了供不应求和供大于求的情况。《2017—2022年中国新能源专业方向人才需求市场调研报告》预测2022年中国对新能源专业人才需求有望达到127.44万人。我国社会经济快速发展，国家高度重视环境保护问题，环保行业蓬勃发展，社会对环保人才的需求也逐年增加。《环境产业应届毕业生就业形势报告》（2013版）显示：2010年环保产业从业人员总数为420万左右，预计2020年达到1690万，节能环保产业未来的人才缺口较大。同时，节能环保产业内的科技人员比重远低于其他行业，根据最新的环保产业调查数据，我国环保产业从业人员约319.5万人，其中，高级技师、技师、高级工、中级工数量分别为2.4万人、6.3万人、12.1万人和21.3万人。在从业人员获得职称方面，高级职称、中级职称、初级职称获得者数量分别为6.8万人、16.2万人、24.2万人。我国环保产业人才结构层次偏低。节能环保产业从业人员的数量、结构无法满足产业快速发展的需求。

4.4.3 高职院校服务节能环保产业的现状

1.专业布局不合理且准备不充分

随着人们对环境保护的重视不断加强，环保产业的发展层次也逐渐上升。中国经济发展已经进入了新常态，环保产业在将来的发展过程中必然会更多地和信息产业相联系。这样的现状使得社会对人才的需求呈现出多样化，不仅需要擅长环境大数据管理应用的工作者，还要囊括智能产品从销售到售后服务与维修的各个环节的工作者。然而中国当前的实际情况却是人才匮乏，高校课程设置不合理。

2.教学内容缺乏特色

中国的出版机制还不够完善，不能对各类教材进行有效的审核，使得教学用书良莠不齐，不利于高校进行人才培养。高校为了促进毕业生就业，往往会开设大量的课程，以便学生能够涉猎更多的知识与理论。然而实际情况却是导致学生课业繁重，无法专注地进行某一学科课程的学习。

4.4.4 我国高职院校精准对接节能环保产业发展的路径

1.校企合作，共建课程体系

高职院校必须逐步优化人才培养模式，与企业合作，共同构建起适合环保产业的专业课程体系，促进高职院校环保专业课程体系与当下的环境保护治理需求契合。一方面高职院校要与企业合作沟通，了解企业对于环保人才的需求层次以及要求，进一步优化课程体系，另一方面注重校内课堂教学与校外实践教学的结合。新的环保专业课程体系的构建应该遵循以下原则：环保人才培养目标应该与当地的社会经济发展以及环保治理需求相适应，要符合社会以及环保行业对人才的要求；人才培养模式应实现校企的强强联合，突出工学结合以及社会化服务的特性；课程目标的设定应充分参考当下职业需求，始终坚持课程的设定与从业者的知识技能、专业素质方面的要求相吻合。构建实践教学体系，积极借鉴和参考相关职业资格标准，以此为基础建构起工学结合的开放型实践教学体系，进一步优化和改革实践教学体系。

2.打造多元化的实习基地

传统的教学模式存在着重理论、轻实践的弊端，这就使得接受这种教学模式的学生不具备较强的实践能力。高职院校受社会氛围的影响，也越来越关注实践教学，开始建设实习基地，和相关企业建立合作关系。通过和相关企业的合作，能够更好地了解市场对人才的需求，能够有针对性地对在校学生进行培养，并构建高效的生产模式，培养一批具备管理能力的人才。学生在校学习的时候，不仅能够学到基础知识，还能够通过实践了解生产过程，并进行相应的科学试验。这在很大程度上提高了教学质量和效率，让中国当前的人才培养机制获得了创新性的发展。

3.校企合作，共同构建人才培养机制

我国高职教育跟随时代的发展，越来越多的高职院校选择与企业进行合作，并且秉持着"合作办学、合作育人、合作就业、合作发展"的基本办学理念，确保整个机制能够更加有效。如果高职院校想要真正地做好环保人才的培养工作，必然离不开和地方环保企业进行交流与协作，构建新型的校企合作模式，开展共同建设工作，实现高度的共同管理，并做到收益共享和风险共担。

4.强化环保类师资队伍建设

人才造就人才，只有拥有优秀的老师，才有可能培养出优秀的学生。而环保人才的造就，需要先拥有一批高质量的教师。首先是对于已有的师资力量，要根据实际情况进行岗位调配。其次是对教师进行深入培训。针对教师队伍设定定期学习规划，确保教师队伍能够紧跟时代，传授的理论不会过于陈旧。最后是为教师队伍设置奖励机制。通过一定的评比和奖励，在一定程度上提升教师的教学积极性。

4.5　我国高职院校服务供给和生物产业发展需求精准对接研究

4.5.1　生物产业发展的现状

在生产过程中和当前经济社会发展过程中，某些层次利用了现代生物技术以及生命科学，并且向社会输出了产品以及服务的产业被称为生物产业，它主要由生物医药、制造、农业、环境保护、能源以及服务等新兴产业组成，是战略性新兴产业的重要领域之一，已成为世界各国新的经济增长点。目前，生物产业正处于迅速发展的阶段，对人类健康、资源、环境、农业、工业等方面将产生深刻影响。

（1）生物医药产业。这是具有悠久历史和较大规模的细分产业，现在全世界的生物技术产业当中有大约50%的生产值以及营业额来源于生物医药产业。目前，它结合传统医药产业，可细分为生物制药、医药工程等。

（2）生物农业产业。现在这方面的技术运用于生物种业、饲料、农药、疫苗、肥料以及育种等方面，并且将转基因育种作为重点的生物育种已经成为最先进的一环。

（3）生物制造产业。这是将生物技术和传统工业相融合的产业，它对传统生产技术产业有着极大的推动作用，其中囊括发酵工程等。

（4）生物能源产业。这是一个利用生物技术生产清洁能源的产业。在能源匮乏问题日益严重的当今时代，全球众多国家将开发低碳能源的技术作为能源改革的重点内容。生物能源产业的稳步发展是构建资源型社会的基础，也是实现可持续发展目标的基础。

（5）生物环保产业。作为产生时间最晚的一个产业，主要被应用于处理废弃物、恢复土壤肥力以及降解有机物。

生物医药以及农业逐渐成熟化，生物能源、制造以及环保也迅速发展，全球生物产业2013至2017年产值增速持续保持在20%以上。目前全球众多国家都将生物产业视为新时代的经济增长点，全力冲刺"生物经济"领先地位。就我国来说，目前生物产业以较平稳且不缓慢的速度前进着，我国持续融入改革创新的发展动力，并拥有较为丰富的股权投资资源，不论是产品结构还是企业与区域结构都在逐步优化，生态环境也得到了保护和改进，使得其在目前的经济结构当中成为显眼的优势。未来，基因测序、合成生物技术、液体活检、细胞免疫治疗、生物大数据、生物仿制药、生物制造等技术将推动新一轮产业变革。

生物产业是目前战略性新兴产业当中最具规模化以及拥有最丰富的创新内容的产业，处于稳步增长的阶段。在2017年前期，我国生物制药上市公司的营业收入同比增长了2.04个百分点，相较于2016年同期增速提高了310%，超过上市公司整体增速60%。同时，在医药医疗仪器设备制造方面，营业收入同比增长1260%，超过2016年同期240%。科技部社会发展科技司与中国生物技术发展中心发布的《2017中国生命科学与生物技术发展报告》表明："十二五"以来，我国生物产业得到了前所未有的高速发展，复合增长率超过15%，2015年产业规模超过3.5万亿元，到2020年有望达到8万亿至10万亿元，生物产业增加值占GDP的比重将超过4%。埃克替尼、康柏西普、重组戊型肝炎疫苗等国产药物成功上市，一批新专利到期药成功实现了国产化，磁共振、PET-CT等大型医疗设备，人工耳蜗和植入式脑起搏器等高性能植介入产品的出现使得我国生物医药产业的产品内容得到丰富，同时我国的基因检测服务也达到了全球一流水平，超级稻亩产超过1吨，生物发酵产业生产总值位列全球第一，乙醇汽油在国内十一个省份得到了推广，在京、沪、粤、苏、鲁等地区构建了具有创新性的生物产业集群。随着《国务院关于改革药品医疗器械审评审批制度的意见》等一系列重要改革措施陆续出台，形成了生物产业加快发展的良好格局。

4.5.2　生物产业的发展对人才数量的需求

我国于 2010 年制定了《国家中长期生物技术人才发展规划（2010—2020年）》，指出：到 2020 年，我国生物技术人才队伍建设的目标是：建设生物技术人才金字塔，支撑生物技术强国、生物产业大国战略目标的全面实现，努力造就一支规模宏大、水平一流、结构合理、布局科学的生物技术人才队伍。其中在 2016至2020 年，整体提高我国生物技术人才队伍素质和水平，使人才数量、结构、学科和地域分布等达到均衡，实现量才使用、人尽其才，力争在重点领域实现重大突破。培养出国际一流的科学家工作室，造就多名生物科学重点领域的国际顶尖科学家。围绕我国具有一定竞争实力的国际生物技术发展前沿领域，打造国际一流的国家实验室，努力培养国际一流生物技术创新人才。据《中国生物产业发展报告2006》统计，到2020年中国在生物领域至少需要工程技术人员48万，一般从业人员450万。

作为生物技术结构内的首要产业，生物医药依赖着整个医药产业，指引着传统医药产业前进的方向。我国的医疗体制使得医疗保健产品拥有源源不断的市场需求，并且，目前社会人口老龄化趋势以及人民收入的增加也使得这一需求更加迅猛地发展。所以我国的生物医药产业为总产业贡献了50%经济价值，拥有不可替代的重要地位。国内的生物农业拥有长远的发展空间，高职院校如何对接生物环保产业和生物能源产业的发展在本书其他章节已有论述，因此，下面重点就高职院校如何对接生物医药产业和生物农业发展进行阐述。

1. 我国高职院校精准对接生物医药产业发展的路径

（1）根据生物医药职业技能的标准，改革传统的人才培养方式，建立具有创新性的特色化模式。

这一标准立足于基本的工种类别，将职业特点进行定位以及量化，从而明确提出相关要求，使得技术标准更加细化。高职教育以及社会人才培训过程中以国家职业标准作为要求，使得高职教育紧跟上行业发展的潮流，将职业技术以及职位的要求作为高职院校就读学生以及社会人士的技术要求。然而目前高职教育以基础知识作为教学重点，因此与行业之间缺少联系，高职院校所培养的人才资源与行业的人才需求并不对接，那么生物医药人才的培养应当以行业为依托，与行业相联系。将基层生物医药职位的要求作为基础，以职业能力作为关键因素，构建"标准、设备、工艺三同步"的人才培训方式，重点彰显教学内容的实用性、系统性以及权威性。

（2）重构生物医药专业体系。

生物医药产业对应的企业主要有医疗器械、生物制剂（疫苗）、药品保健品辅料生产，生物医药类职业教育体系涵盖专业较多，如生物制药、生物工程等。而目前高职院校的医药专业具有重复化的问题，不具备优势以及先进水平。以生物制药专业来说，应当开设涉及前沿理论的学习课程，例如，细胞技术以及分析检测技术等，然而目前只有中医学、西医学基础以及药品经营与管理等重复性的课程，使得行业人才资源缺失，与行业实际需求并不对接。所以在教育过程中应当考虑生物医药企业的创新化需求，去除重复化的冗余课程，引导老师参与实际操作与进修，针对实际需求开设课程，适当调整和规划专业。生物医药专业是一个和人类联系紧密的专业，目前正处于细分的关键阶段，诸如天然创新药物、新型细胞制品以及抗体与重组蛋白创新药物等都代表着生物医药未来发展方向，是将递进式实验平台引入新型教育的关键，推动学生提升专业化技能，为他们开拓更光明的前景。

（3）构建一体化生物医药专业实训基地。

建立校内一般性实验实训基地、校内生产仿真性实验实训基地及校内外一体化实验实训基地的综合递进式实训基地平台。例如，药物制剂专业学生的职业技能便可以通过基础技能、专业化技术、仿真实践以及综合实践的递进模式进行培养，在培训过程中，基础技能以及专业化技术都可以在普通实训场地进行。由于药品生产对于周边环境有着十分苛刻的要求，尤其是卫生环境，因此某些投入较高且生产运作过程较为复杂的大型生产器械便无法应用于实训，那么可利用实训软件还原药物制剂生产环境，以进行粉碎、混合、制粒、干燥、压片、包衣、包装等工序的模拟训练。一体化实训基地以进行综合实际训练为主体内容，例如压片这一岗位，参与实训的学生在学习旋转压片机的拆分、组装以及调试的过程中，更加清楚它的具体结构以及压片原理；另外在实践过程中出现了一些意外情况时，也可以让实训学生参与到检查的过程中，从中寻找问题的源头和解决方法。

（4）打造双师双能型教师队伍。

高职院校生物医药专业的发展，离不开优秀的师资队伍。当前，高职院校教师尤其青年教师的实际操作经历明显不足，那么需要组建高水平且高数量的教师队伍。双师型教师并非仅拥有高校教师证以及专业资格证，他们还需要拥有过硬的专业基础知识以及丰富的岗位经验。若这一块的教师人才缺失，那么培养出的学生也就成为无法达到要求。通过校企合作、进修等方式都能促进这类教师人才的培养。

（5）形成生物医药领域应用型人才校企联合培养模式。

通过各种办学实践可知，校企合作教育模式能够有效地解决应用型人才培养存在较大困难以及效果不够理想等问题。生物医药专业以及生物技术与工程专业学生要具备一定的专业基本功，不仅需要知识素养和技术能力，还要求对就业的企业有着明确认识，不论是研发、生产条件还是文化内涵、行业规范等，都需要了解。这就需要以满足生物医药产业人才需求为出发点，以加强基础和技术能力为培养思想，采用校企合作的方式，使得企业亲自参与人才培训过程。企业的参与能够为学校教学带来更丰富的培训经验，使得教学与实践操作相结合，有效利用企业与学校双平台的资源，使学生适应岗位工作的能力有效提高。企业方的加入为学生成功融入企业岗位提供了绝佳的机会，同时，企业也能在实训过程中招聘"爱企乐业、好用能行"的人才。

发布职业技能标准、颁发职业资格证书以及测评人才职业能力等都受到行业协会的重要影响。企业针对人才培养方案提出改进建议，指出行业要求，进而完善教学方案，为社会提供可塑造的人才；学校的师资力量则为学生的发展提供相关的引导，为生物医药专业学生的未来发展给予职业指导。针对业内具有代表性的职位，与我国职业技能标准相匹配，促进生物医药人才培养方式的创新，在构建职业工种考查标准的过程中，制定全面、系统化的生物医药技术技能型人才的崭新标准，从而为社会提供发展生物医药产业所需要的优秀人才。

5.2.2　我国高职院校精准对接生物农业产业发展的路径

农业生物技术产业化过程中产生了生物农业，它也是当代生物技术以及传统农业深度融合的产物。

1.确立为区域现代化农业服务的培养目标

就目前来说，农业现代化增速加快，农业高职院校以及相关专业都被要求为农业的发展贡献足够的知识储备，对于人才更是在质量和数量上都有更高的要求，而高职院校农业相关专业的培养方案便是以服务农业为目标，培养高水平农业技术人才。高职院校农业相关专业的构建需要将地区生物农业的前景作为考虑条件，将产业群与专业群相联系，以具体职业技能要求作为出发点，开设相关课程，完善课程内容。

（1）关于专业构建，突出"以农为体、工商为用"的特色，重点建设作物生产技术、农产品质量检测等农业相关的学科，也在其他专业内融入与农业相关的方面，如，管理类专业可融入农产品物流方面的教学内容，而财经类专业内可融入与农业相关的会计学方面的教学内容。紧跟产业进步的需求，对专业结构进行优化改革，以合并、增减的办法优化专业结构，最终建成具备区域特色的专业群，每两年进行一次人才培养方案修订，针对课程内容进行优化改进，进行具体课程的教学。

（2）优化建设课程体系，培养能力强素质高的技术技能型人才。目前生物农业处于集约式发展的阶段。高职院校应当响应社会需求，完善课程体系，使得学生职能素养得到全方位提高。例如，农产品检测专业根据目前社会对于农业人才的基本要求，开设了《大学语文》《计算机应用》《思想政治》《英语》等课程，促进学生思想道德素养和职场能力的提高；构建包含《基础化学》《食品生物化学》《检验员操作训练》等课程的基础课程模块，促进学生基本的知识以及技术的提高，使得后续的农产品质量检测方面的相关教学活动能够更加顺利地进行；构建包含《农产品加工与贮运》《农产品安全与质量控制》《食品理化分析技术》等课程的专业课程板块，促进学生相关专业知识与技能的提升；建设专业定向化课程板块，以农产品检验作为发展方向，设立《实验管理与质量控制》课程，以农产品质量控制作为发展方向，设立《质量体系认证训练》课程，以明确的岗位技术需求作为学生实训的出发点。学校举办的创新型活动、技术型比赛以及社团活动都与专业课、岗位职能相联系。比方说，农产品检测室推出"粮油检测技术大赛"，而绿色食品拓展社团则可推出"绿色食品知识问答"类活动。通过几个板块的学习，学生可系统性地提高人文素质、专业综合素养、职业通用能力以及专业技术，而课外活动能够激发他们的实际应用能力以及创新创业技能，二者相结合，便能促进他们整体能力的提高。

2.形成校企共育人才的途径

（1）构建专业指导协会以及校企合作培养协会，动员企业参与制订和完善人才培养计划，达成校企合作。高职院校应当以培养高水平技术人才为目的，与农业企业相联系，从而明确人才培养的方向。在专业指导协会以及校企合作培养协会的参与下，立足于建立以及完善人才培养计划，根据目前行业对人才的具体要求和行业内人力资源的情况进行及时沟通。如此一来，不仅可以使得企业更明确学校在人才培养方面的基本条件以及师资力量、科研水平，进而了解能从校方获得的人力资源，也能使得校方通过了解企业的岗位需求来明确目前行业内对于人力资源的具体要求，从而制订和完善专业人才培养计划，调整培养数量、课程规划以及教学目标等。

（2）外部引入与内部培养相结合，打造"专兼结合、优势互补"的高水平教学队伍，达到生产与教学相结合的目的。通过校企合作这一途径，企业内行家以特邀教师的身份参与到实训培养以及实习指导当中去，也可以动员职业教师参与到实地农场和农企当中，进行脱产挂职的培训。邀请企业内行家参与到校内课堂，进行农业主题的讲座，有利于校内教师以及学生更深入学习到农业的目前情况以及未来走向，引导学生们正确看待自己专业和行业内的实际状态。校内教师与学生在实地农场和企业内观看行家进行实际操作，并引导学生动手实践，使学生掌握行业专业知识以及操作技能。与农业相关专业的校内教师需要每年在农业企业、农场脱产挂职训练至少一个月，参与实际生产活动。

（3）校企合作研究典型课程教学用书，采用更多样化的授课模式。目前的教材立足于基础知识以及曾经的经验，对于目前的需求来说缺乏前瞻性。因此开发教材需要农业企业内的行家加入，需要邀请他们进行教材以及讲义的编撰或是提供某些具有实际意义的农业生产实例，并且给予相关指导建议，完善教材内容，对教学用书进行优化，将行业内的创新技能以及知识理论融入教材。

（4）校方与企业互相弥补缺陷，成立校内以及校外实习、培训平台。将学校的知识资源与企业所拥有的实践经验、技能技术相融合，建立校内以及校外实习、培训平台以及科研室、试验田等。尤其是行业内龙头企业、模范企业的参与，能够促进地区农业产业群向实习基地以及培训平台转移，在专兼结合、产业与教学结合、学习与研发结合的方式下，促进教学水平提高。制订实习培训计划时应当了解业内行家以及技术技能型人才的建议，从而为实习培训实验室配备先进器械，能够符合培训过程的要求。再进一步，可通过学校和企业二者合作构建生产实习实验室，场所可由校方准备，设备以及器械可由企业提供，学生参与实习培训便是参与实际生产。

校企双方整合资源，实现"产学研一体化"，提高学生创新创业综合能力。当前农业的现代化发展必须具备大量创新型人才。院校和企业可以通过设立横向科研项目的途径，建立包括与农业相关专业的校内教师以及农业企业技能人才的科研队伍，科研场所由企业方提供，智力支持由校方提供，共同找出解决在生产技能以及管理层面的各种缺陷的方法，促进生产质量提高。

3.重视培养学生的软实力

高职院校的教师队伍构建、课程体系优化、实践训练场所建立、校方与企业联合等多个层面，都将农业人才的专业能力培养作为重点。现如今，高职院校面临着报考学生数量偏低、报道人数少以及专业对口情况较差等问题，学生对农业技术学习兴趣低下、参与农业活动意愿不足的情况严重阻碍了农业相关专业的未来发展和进步，以及农业人才资源的供给。校方应当从专业引导、就业引导等层面出发，利用客观条件改变学生对农业专业的偏见，激发他们为农业做贡献的意识，从本质上提高学生参与农业生产活动的软实力。

（1）以多种方式宣传现代化农业。现代化农业区别于传统农业的地方在于，现代生物农业是作为集约化生产经营的产业，生产过程中面向机械化、科技化、电气化、农业经营以及服务的信息化，其中大量运用了具备高科技水平的创新技术、材料以及能源等。宣传消息需要放置在招生简章以及学校与农业相关专业的官页上，结合农业未来前景、就业大学生在农业产业中的成功经历进行宣传，鼓励学生学习农业专业。

（2）以实操的方式，使学生认识农业产业的现状以及职业的未来走向。

在实操的教学过程中，引导学生进入行业模范企业实地了解最先进的农业生产技能以及创新产品；在实训过程中，学生更深刻地了解农业生产在机械化、科技化方面的进步；在技术比赛的过程中，通过农产品营销大赛，可以设立农产品创新、生产技能改革等参赛主题。

参考文献

［1］约翰·S. 布鲁贝克. 高等教育哲学[M]. 王承绪, 郑继伟, 等, 译. 杭州: 浙江教育出版社, 1987.

［2］德里克·博克. 走出象牙塔——现代大学的社会责任[M]. 徐小洲, 陈军, 译, 杭州: 浙江教育出版社, 2001.

［3］曼纽尔·卡斯特. 网络社会的崛起[M]. 夏铸九, 王志弘, 译. 北京: 社会科学文献出版社, 2003.

［4］刘君, 刘艳芳, 王志勇. 高职计算机类专业校企合作现状调查报告[J]. 职业技术教育, 2016（8）: 8–11.

［5］中国电子信息产业发展研究院. 2014—2015 年世界信息化发展蓝皮书[M]. 北京: 人民出版社, 2015.

［6］王磊, 李晓琳, 曹思思. "双创" 背景下高职院校生物医药专业改革研究——哈尔滨职业技术学院为例[J]. 哈尔滨职业技术学院学报, 2019（3）: 43–45.

［7］张凯, 李正国, 贺萍, "新能源汽车技术" 专业课程体系构建与培养模式探索——以深圳职业技术学院为例[J]. 深圳职业技术学院学报, 2018（3）: 41–46.

[8] 刘显泽, 彭文胜. 湖南省高等职业教育质量年度报告（2018） [M]. 北京: 高等教育出版社, 2018.

[9] 孙涛, 李登万, 向桢. 产教融合培养高端装备业现代工匠的实践研究[J]. 高职教改前沿. 2019（1）: 22–26.

[10] 熊花. 创新创业教育融入高职院校文化创意人才培养体系的困境与出路[J]. 职教文化2014（2）: 52–54.

[11] 佟宇竞. 促进生物产业发展的战略思路与建议——以广州为例[J]. 广州商学院. 2017（21）: 108–112.

[12] 蒋青泉, 张治元. 对接战略性新兴信息产业的共享型实训基地建设范例研究——以湖南邮电职业技术学院为例[J]. 湖南邮电职业技术学院学报. 2015（3）: 44–47.

[13] 杨大蓉. 高职教育与农业战略性新兴产业有效对接研究[J]教育与职业. 2013（27）: 12–14.

[14] 李何. 高职生物技术专业人才的培养问题与对策[J]. 产业与科技论坛. 2019（3）: 186–187.

[15] 周伟, 刘港, 罗婷劫, 等. 高职新能源汽车技术专业建设浅谈[J]. 南宁职业技术学院学报. 2019（3）: 56–58.

[16] 张丹. 高职院校材料专业人才培养模式探索[J]. 学生管理, 2015（7）: 242.

[17] 熊煦, 刘日鑫, 陈晓松. 高职院校复合材料专业四层次实践教学体系的构建[J]. 职教通讯. 2015（33）: 73–77.

[18] 冯丽英. 高职院校环保专业就业岗位解析[J]. 中国职业技术教育. 2010（34）: 75–78.

[19] 邵元健, 熬雁, 张娟. 高职院校农科专业设置与发展的新思考[J]. 农业教育研

究. 2018（2）: 12–15.

[20] 黄守敏, 毕璋友. 高职院校农林类专业服务"三农"的研究与实践[J]. 安徽职业技术学院学报. 2017（2）: 48–49.

[21] 徐清芳, 陈震, 姜自红, 等. 高职院校农林类专业服务地方经济建设的探索[J]. 现代农业科技2017（1）: 281–286.

[22] 刘刚. 高职院校生物技术及应用专业人才培养探究[J]. 才智, 2015（29）: 9.

[23] 汪芳琳. 高职院校生物技术类专业培养目标定位和教学改革探析[J]. 湖北经济学院学报. 2017（7）: 184–185.

[24] 许凌凌. 高职院校生物专业学生职业素养培养问题探讨[J]. 遵义师范学院学报. 2014（4）: 94–97.

[25] 申晓伟. 基于区域战略性新兴产业发展的高职院校专业服务能力建设研究[J]. 广西教育学院学报. 2013（4）: 44–46, 62.

[26] 杨孟遇. 基于人才结构与战略性新型产业发展周期的人才发展对策研究[J]. 以海南省为例. 对策与战略2015（2）: 107–108.

[27] 史雅静, 韩雪松, 王宇, 等. 基于生物医药产业要求的高职课程体系之构建[J]. 职业教育研究, 2010（10）: 25–26.

[28] 史雅静. 基于生物医药产业要求的高职培养模式的研究[J]. 高职教育研究. 2010（8）: 4–7.

[29] 杨燕. 基于战略性新兴产业的高端技术技能人才培养方式调整探析[J]. 百家论苑. 2016（21）: 54–57.

[30] 唐娅姝. 基于战略性新兴产业的高端技术技能人才培养方式研究[J]. 人力资源管理. 2018,（4）: 27–30.

[31] 杨燕. 基于战略性新兴产业的高端技术技能人才培养方式调整探析[J]. 职教

论坛, 2016 (21) : 54–57.

[32] 李宁. 基于职业技能标准的生物医药人才培养模式改革与实践[J]. 中国多媒体
与网络教学学报, 2019 (03) : 45–46.

[33] 王淑荣. 农业与生物产业融合发展研究.——以辽宁为例[J]. 牡丹江大学学报.
2018 (7) : 16–19.

[34] 潘凤钗, 高光照, 林晓飞. 农业转型升级与浙江农类高职人才培养[J]. 教育评
论2012 (1) : 102–104.

[35] 胡拥军. 浅论国家示范性高职院校服务湖南战略性新兴产业[J]. 中国培训,
2015 (11) . 1–4.

[36] 刘娟绫. 浅析服务于文化创意产业的自主创业实践教学——以数字媒体艺术
专业为例[J]. 美术教育研究, 2015 (9) : 116–117.

[37] 严芮. 全人教育理念下文化创意人才培养的探究[J]. 武汉船舶职业技术学院
学报, 2018 (3) : 100–104.

[38] 肖海慧. 融入工匠精神的高职院校高素质高技能人才培养——常州大学城5所
高职院校为例[J]. 职业论坛, 2019 (4) : 101–105.

[39] 张 竞, 马韵涵, 徐雪娇. 三螺旋理论视角下中国创业教育生态系统构建研究
[J]. 教育探索, 2018 (5) : 110–113.

[40] 刘慧, 雷霆, 李琼, 等. 生物医药应用型人才校企联合培养模式与实践[J]. 高
校生物学教学研究, 2015, 4 (2) : 18–21.

[41] 李慧英, 徐丽萍. 生物医药专业高职应用本科教育衔接人才培养方案探索[J].
生物技术世界, 2016 (2) : 269–269.

[42] 曹宇雯. 试论我国生物医药产业发展现状及对策[J]. 经济研究, 2017 (6) :
82–83.

[43] 徐进. 推动文化创意产业与科学技术高度融合[J]. 人民论坛, 2019（17）.

[44] 方方. 文化创意产业背景下高职创新人才培养的思考[J]. 湖北经济学院学报 2016. 13（9）: 167-168.

[45] 徐玉娟. 文化创意产业背景下高职艺术设计人才培养与实践[J]. 晋城职业技术学院学报, 2017（06）: 36-38, 50.

[46] 曹雨婕. 文化创意产业视阈下艺术设计应用型人才培养模式研究[J]. 长春大学学报, 2018. 28（10）: 74-77.

[47] 胡丹丹, 刘晶, 孙昊. 文化创意人才的创新困境及对策[J]. 管理观察, 2018, 701（30）: 114-116.

[48] 季凯文, 钟静婧. 我国生物农业发展的现实基础与路径选择[J]. 江苏农业科 2017, 45（14）: 1-4.

[49] 江洪波, 赵晓勤, 毛开云. 我国生物农业发展态势分析[J]. 生物产业技术, 2015（6）: 85-95.

[50] 朱一青, 谢华斌. 我国数字文化产业之发展障碍与路径选择[J]. 绍兴文理学院学报（人文社会科学）, 2019（3）: 112-120.

[51] 胡英. 我国新材料发展现状、问题及对策建议[J]. 经济师, 2019（9）: 44-46.

[52] 张宏丽, 陈丽佳. 我国新能源产业及核心技术发展探析[J]. 能源研究与信息, 2013, 29（4）: 187-191.

[53] 孙洪凤. 现代农业发展背景下广东涉农高职院校创新型人才培养探究[J]. 佳木斯职业学院学报, 2019（9）: 206-207.

[54] 周伟. 新能源产业发展下的新能源类专业人才培养模式研究[J]. 智库时代, 2019, 191（23）: 248, 250.

[55] 王文革, 郭海军. 新能源汽车产业发展对汽车专业人才培养模式的影响分析

[J]. 学术研讨, 2019 (5): 212–213.

[56] 杨姗. 新能源汽车产业发展环境下对汽车专业人才培养模式研究[J]. 南方农机, 2018, 49 (22): 253.

[57] 陈玉华, 朱凯, 张伟丽. 新能源汽车关键技术创新人才培养策略研究[J]. 时代汽车, 2019 (6): 64–66.

[58] 王亮, 张雅琪. 新一代信息技术产业发展态势分析[J]. 信息通信技术与政策, 2019 (6): 56–58.

[59] 许艳丽, 樊宁宁. 新一代信息技术产业高技能人才核心能力建构及其培养路径[J]. 职教论坛, 2017 (21): 5–9.

[60] 赵巾帼, 任长安. 新一代信息技术创新型人才培养问题与对策研究[J]. 统计与管理, 2015 (11): 111–112.

[61] 王小密. 应用型高职院校文化创意产业人才的培养现状以及存在的问题研究[J]. 文化创新比较研究, 2018, 2 (53): 123–124.

[62] 宋歌. 优化内陆地区战略性新兴产业布局研究[J]. 区域经济评论, 2016 (4): 76–82.

[63] 资武成, 陆小成. 战略性新兴产业人才培养三螺旋模式研究[J]. 云南社会主义学院学报, 2014 (3): 67–69.

[64] 张霞. 浙江省传统农业转型升级中的农业类高职人才培养模式研究[J]. 安徽农业科学, 2013. 41 (2): 916–918.

[65] 李芳. 中国新能源产业发展存在的问题与对策探析[J]. 产业经济2019 (7): 51, 67.

[66] 刘琼, 程洪涛. 中国制造2025背景下校外实训基地功能变化的探索[J]. 襄阳职业技术学院学报, 2018, 17 (3): 38–40.

[67] 王国艳. 卓越院校背景下高职院校服务战略性新兴产业的现状及对策研究[J]. 文化创新比较研究, 2018 (7)：165–166

[68] 蔡泽寰, 肖兆武, 蔡保. 高职制造类专业人才培养要素优化探析——基于"中国制造2025"视域[J]. 中国高教研究, 2017 (2)：106–110.

[69] 赖丽花, 石文江. 高职院校实践育人创新创业载体建设研究——以"广东省高职院校数字内容产业专业群公共实训中心"为例[J]. 中国教育信息化, 2019 (7)：28–31.

[70] 丁国香. 高职院校提升专业服务产业发展能力研究与实践——以新能源应用技术专业（锂电方向）为例［J］. 高教论坛, 2014 (11)：30–31.

[71] 刘秀艳, 张剑波. 高职院校文化创意类专业人才培养方案研究——以河北政法职业学院为例[J]. 张家口职业技术学院学报, 2018 (3)：13–15.

[72] 许文君. 高职院校文化创意人才培养模式研究——以福建省泉州市为例[J]. 淮海工学院学报, 2017 (9)：127–130.

[73] 李佳. 高职院校文化创意与策划专业人才培养路径探究[J]. 职业教育, 2018 (11)：49–50.

[74] 张链, 郑宁, 朱海娜, 等. 高职院校新能源应用技术专业建设的探讨[J]. 天津职业院校联合学报, 2013 (8)：9–12, 60.

[75] 肖蕾. 高职院校与战略性新兴产业群发展对接研究——以物联网产业为例[J]. 科技展望, 2016, 26 (18).

[76] 谭云, 吴银凤. 高职院校在产业结构转型升级形式下提升对口就业质量实践研究——以生物制药技术专业为例[J]. 2017 (17)：157–159, 156.

[77] 张达志, 冷士良, 张登宏. 高职院校专业评价与专业结构动态优化调整机制研究[J]. 2019 (7)：22–25.

[78]尤艺金. 高职院校专业设置与区域产业发展的适应性研究——以漳州地区为例[J]. 河南科技学院学报, 2018（6）: 16–20.

[79]赵劲松, 余荣宝. 高职制造类专业复合型人才素质模型构建与应用[J]. 湖北社会科学, 2016（16）: 165–169.

[80]肖建华, 段文杰. 湖南高职院校服务战略性新兴产业现状及对策研究[J]. 职业教育: 172–174.

[81]刘显泽, 彭文胜. 湖南省高等职业教育质量年度报告（2018）[M]. 北京: 高等教育出版社, 2018.

[82]田拥军, 黄国庆. 湖南省战略性新兴产业技术技能型人才培养研究[J]. 教育与职业, 2015（3）: 13–16.

[83]唐小艳. 环保产业与技术技能人才培养适应性问题及原因调研分析[J]. 产业经济, 2018（12）: 69, 75.

[84]李北伟, 贾新华. 基于产业转型升级的高职院校专业设置优化策略研究——以广东省为例[J]. 中国高教研究, 2019（5）: 104–108.

[85]陈学书. 基于创意经济人才需求形势的高校艺术教育发展策略[J]. 中州大学学报, 2018（10）: 125–128.

[86]范高福, 刘修树, 胥振国, 等. 基于高等职业教育生物医药类专业人才培养实践教学体系的改革与探索[J]. 药学教育, 2017（12）: 1718–1721.

[87]曾鑫, 邱翠榕, 李蓉, 等. 技术技能型本科人才社会需求状况分析及培养定位研究——以汽车服务工程专业为例[J]. 职业技术, 2018（2）: 19–20.

[88]董海燕, 何正东. 江苏农业人才中高职贯通培养的现实诉求与路径选择[J]教育与职业, 2017（12）: 34–38.

[89]李文静. 江苏企业科技人才发展需求分析——以生物医药产业为例[J]. 企业

科技与发展, 2018(11)23–25.

[90] 毛献峰, 范艳芹, 董鹏. 将数字人才意识融入通信电子类高科技人才培养路径研究——以南京邮电大学为例[J]高教学刊, 2018(15): 158–160.

[91] 张磊, 王会岩, 姜勇, 等. 紧贴生物医药产业发展需求　培养合格生物人才[J]. 吉林医药学院学报, 2014(1): 76–77.

[92] 胡拥军, 龙伟, 谢拓. 论改进国家示范(骨干)高职院校服务——湖南战略性新兴产业工作[J]. 经贸实践, 2015(15): 298–299.

[93] 张翠芬. 论高职院校生物技术及应用专业实训中心管理[J]. 辽宁高职学报, 2015(10): 79–81.

[94] 王仲颖, 张庆分. 绿色低碳产业: 构建清洁高效低碳的现代产业体系和能源体系[J]. 中国战略新型产业, 2017(1): 41–44.